조선초기

주자소 연구

朝鮮初期 鑄字所 硏究

조선초기

주자소 연구

朝鮮初期 鑄字所 研究

유대군

한국학술정보㈜

서 문

　북경대학교 도서관 고적부에서 근무 해오던 중, 우연히 북경대 소장 고대조선문헌 해제 작업을 하면서부터 한국 서지학에 대해 깊은 관심을 갖기 시작했다. 이를 계기로 한국 유학에 뜻을 두고 있다가 1999년 한국에서 공부할 수 있는 기회를 얻어 본격적인 유학생활을 하게 되었다. 돌아보면 한국어를 습득하고 학계의 동향을 파악하는 데 적잖은 어려움을 겪었지만 동학들과 한국 서지학계 여러 선생님들의 격려 덕택에 한국 유학을 성공적으로 마칠 수 있었던 것 같다.

　한국 서지학에 대해 관심을 갖기 전까지만 하더라도 한국 서지학계의 발전상황에 대해 잘 알지 못하고 있었던 것이 사실이다. 연구의 양과 더불어 세밀히 따져 논리적으로 분석해 들어간 한국 서지학 연구의 질적인 수준은 가히 놀라움 그 자체이고 충격이었다. 게다가 더욱 놀란 것은 한국 서지학계에서는 이미 중국 서지학계의 연구 동향에 대해 잘 알고 있는 데, 중국 서지학계에서는 그다지 한국 서지학계에 대해 관심을 갖고 교류하고 있지 못하다는 사실이었다. 학문적 교류가 없는 학문이야말로 독단에 빠지기 쉬운, 그야말로 우물 안에 개구리가 될 수도 있다고 생각했다. 이런 생각을 하던 즈음 충청북도 청주에 있는 고인쇄박물관을 견학할 기회를 얻고, 이를 계기로 한국의 주자소에 대해 깊은 관심을 갖게 되었다. 이후 주자소에 관련된 자료를 하나둘 모으고 관련 문헌을 꼼꼼히 따져 연구의 기초를 마련할 수 있었다.

　　필자는 본고를 통해 조선시대 주자소 설립과 그 배경을 중심으로 상세한 전개 양상을 살피고 주자소의 지위가 확립되기까지의 제 문제에 대해 종합적으로 논증하고자 했다. 관련 문헌들을 꼼꼼히 따져 당시의 상황을 객관적으로 이해하고자 한 것이다. 주자소와 관련된 사항들은 사실 정치·문화·경제 등 다양한 측면과 맞닿아 있고, 이들 간에는 서로 인과적 관계에 의해서 주자소가 설치되고 발전되었다는 것을 알 수 있었다. 태종 때 처음으로 주자소를 둘러싸고 벌인 논쟁들과 세종 때 이뤄진 두 차례에 걸친 주자개량은 이런 사실들을 시사해 주고 있다. 주자소가 최초로 건립되었을 때에는 주자소는 관내에 존재하는 한 기구였을 뿐 국가의 공식적인 기구는 아니었으며 주자도 대자만 주조해 내는 상황이었다. 이런 열악한 상황은 세종 때에 이르러 일대 개변되게 된다. 다시 말해 세종 때는 주자인쇄사상 주자소를 관리할 수 있는 제도적 장치가 마련되고 실질적으로 운용할 수 있는 토대가 확고하게 다져진 시기라고 할 수 있다. 세종 때 제1차 주자인쇄 개량을 통해 얻어진 경자자와 제2차 개량을 통해 만들어 낸 갑인자가 당시 조선의 주자인쇄 기술의 수준과 상황을 잘 대변해 준다. 본고를 통해 필자는 이런 조선의 인쇄문화의 발달 속에 존재하는 역사적 기록을 중심으로 한국에서 주자소 성립초기의 자세한 상황들을 살피는 동시에 학계에서 쟁점화된 이슈들을 점검하고자 했다.

　　시간상의 제약으로 말미암아 다소 아쉬움이 남는 원고이지만 주자소와 관련되어 한국에서 처음으로 출간되는 본고를 통해 주자소 관련 연구가 활발히 이뤄지는 계기가 되었으면 한다.

2008년 3월 1일

北京에서 劉大軍

목 차

제 1 장 머리말

1. 연구의 목적과 범위

한국이 낳은 세계적 문화유산 가운데 하나가 금속활자 인쇄술이다. 이런 금속활자를 고문헌에는 '鑄字'로 기록하고 있다. 왜냐하면 당시에는 금속을 주재료로 활자를 주조했기 때문이다. 이런 주자 인쇄술은 적어도 고려 중기 13세기에 이르러서 이미 서적인쇄에 이용되었고, 그 후에도 계속해 주자 인쇄가 사용되었다는 관련기록과 그 실물이 끊임없이 발견된다. 일례로 20세기 초 고려 '覆' 字가 개성에서 발견되었으며 1477년 청주 흥덕사에서 금속활자로 인쇄된 ≪白雲和尙抄錄佛祖直指心體要節≫이 발견되기도 했다. 이는 서양에서 독일의 쿠텐베르크가 1458년부터 금속활자를 사용하기 시작한 사실에 비춰 볼 때 적잖은 의미가 있는 것이다. 조선조 太宗 3(1403)년에 이르러 주자소가 설립된 이후부터 20세기 초반까지 약 500 여 년 동안 주자소를 중심으로 한 주자인쇄와 그에 관련된 기술 개량은 끊임없이 진행되었다.1) 이와 같이 금속활자를 사용한 시기는 물론이고

---

1) 현재 금속활자를 처음으로 사용한 시기에 대해서는 한국 학계와 중국 학계에서 서로 다른 견해를 보이고 있다. 전자의 예를 尹炳泰(「고려활자

부단히 금속활자의 중요성을 인식해 문화의 한 부분으로 승화시킨 예는 세계문화사에서 찾아보기 힘든 사례가 된다.

그동안 주자소의 설립과 발전 과정에 관한 연구가 적잖이 이루어져 주자소를 이해하는 데 기여를 해 온 것이 사실이다. 하지만 조선 초기 주자소 설립 배경이나 주자소 설립시기에 있었던 각종 활동, 그리고 주자소 기구의 확립 등과 같은 문제들에 대해서는 아직 구체적인 논의가 이뤄지지 못한 상태라고 할 수 있다. 조선 초기는 서적의 간행과 저장 그리고 유통상의 문제에 있어서 주자인쇄술의 역할이 강조되었던 시기로 주자인쇄의 기술과 인식에 큰 변혁이 있었던 시기이다. 따라서 조선 초기 주자소의 설립과 그 활동에 대해 살피는 작업은 금속활자 문화의 중요한 부분을 점검하는 일이 된다고 할 수 있다.

이 점에 착안하여 본고에서는 주자소의 설립에 관한 일련의 사정

본과 그 기원」, 『도협월보』, vol.14, No.8, 1973. 8.)의 논의를 통해서 확인할 수 있다. 여기서 논자는 고려 금속활자의 기원에 대해서 고려 숙종 7년(1102)에 만들어졌다는 종래의 학설에 대해 이의를 제기한 뒤, 고려 문종 때(1047-1083)에 발명되었다고 논의한 바 있다. 연이어 윤병태는 「조선의 활자인쇄 출판문화」라는 논문을 통해 한국의 금속활자의 문화사적 의의를 다음과 같이 언급한 바 있다. "고려시대에 이루어진 금속활자의 발명은 세계 어느 나라보다도 앞서며 중국은 물론 독일의 쿠텐베르흐나 영국의 캑스튼보다도 빠른 일인 것이다." (윤병태, 「조선의 활자인쇄 출판문화」, 『한국서지학논집(항심윤병태박사 정년기념논문집)』, 민창문화사, 1999, p.110.) 1913 참조.) 이와는 다르게 중국의 서지학자 샤오동파의 경우는 중국에 있어서 금속활자의 발명은 이미 송나라 때 이루어진 것으로 보고 있어, 결국 한국보다 앞선 것으로 이해하고 있다. (蕭東發, 『中國圖書出版印刷史論』, 北京大學校, 2001, pp.78-91. "中國金屬活字印刷的起源時間至遲應在南宋(12-13世紀)……(中略)……中國發明活字印刷術包括金屬活字的史實是不容置疑的, 也是否定不了的.") 입장을 달리하는 이견을 접어두더라도, 중국과 달리 한국은 주자소가 설립된 이후 부단히 주자 기술을 개량하고 그 기술을 실제로 인쇄에 사용했다는 사실 그 자체에서도 중요한 의미를 갖는다 할 수 있다.

과 그 활동을 주요 연구 대상으로 삼기로 한다. 주자소의 설립, 기구 조직, 기구 소속, 주자 및 주자를 사용하여 완성한 인쇄 등과 같은 주요 활동과 주자소와 관련된 문화 배경, 주자 기술의 전승, 기술 개량, 주자에 대한 인식의 변화 과정 등에 대해 다루기로 한다. 조선 초기 주자소의 설립과 발달 과정은 3단계로 나누어 살필 것이다. 그 첫 단계는 주자소 설립의 배경과 관련된 준비 단계로서 14세기 중엽부터 조선조 太宗 2(1402)년까지이다. 두 번째 단계는 설립 단계, 즉 주자소가 본격적으로 설립된 太宗 태종 3(1403)년부터 18(1418)년까지이다. 세 번째 단계는 확립 단계, 즉 甲寅 년 주자 기술을 개량하고 주자소 지위가 최종적으로 확립된 世宗 원(1419)년부터 世宗 16(甲寅, 1434)년까지를 의미한다.

2. 기존의 논의와 연구방법

주자소와 관련된 연구 성과는 학계에서 이미 적잖이 축척되어 있는 상황이다. 하지만 앞서 언급한 바와 같이, 대부분의 기존 연구들은 비록 주자소와 관련되어 있기는 하지만 본격적으로 주자소만을 연구 대상으로 삼아 자세하게 살폈다고는 할 수 없다.

여기서는 기존의 연구를 검토함으로써 노정된 문제점을 자세히 짚어 내는 한편, 논의의 단서를 마련하고자 하며 이로 말미암아 본고의 필요성도 새삼 강조하고자 한다. 기존의 연구는 대체적 3기로 나눠 개괄할 수 있다. 제1기는 20세기 초부터 1960년대까지로 주자소에 대해 연구기반이 마련된 시기이다. 제2기는 1970년대부터 1980년까지로 이 시기에는 주자 印本『白雲和尚抄錄佛祖直指心體要節』이 세상에 공개되면서 주자소에 관련된 연구물들이 대량으로 발표된 시기이다. 제3기는 1990년대부터 2002년까지로 실증적으로 주자를 연구하기 시작한 시기이면서 연구 범위가 더욱 확장된 시기이기도 하다.

1) 제1기의 연구

주자소에 관한 논의는 20세기 초에 윤정현에 의해서 처음으로 시도되었다.[2] 이 글은 1850년에 씌어진 것으로 주자를 중심으로 하여 주자소의 설립과 발전에 대해 개괄적으로 서술하고 있다. 이 글은 이후의 주자, 주자소에 관한 연구에 연구내용과 구조면에서 큰 영향을 주었다는 데 의의가 있다. 같은 해『朝鮮』에 신원이 밝혀지지 않은 사람에 의해「조선 고활자의 기원 및 연혁」이란 글이 실렸는데,[3] 이 글에서도 역시 주자인쇄의 각도에서 주자소에 대해 다소 전반적인 소개를 했다. 그 후의 아주 오랜 기간 동안 주자와 주자소에 대한 논의는 침체 상태에 있었다.

1930년대에 이르러 주자에 대한 연구는 다시 활기를 띠기 시작했

---

2) 尹定鉉,「鑄字事實」,『朝鮮總督府調查月報』, 1913 참조.
3)「조선 고활자의 기원 및 연혁」,『朝鮮』, 1913

다. 1931년 10월 24일부터 11월 6일까지 『東亞日報』에 연재된 김원근의 「朝鮮鑄字考」가 게재되었는데, 이 글의 첫 부분에서 논자는 주자소 설립이전의 주자와 주자활동에 대해 간략하게 소개하고 있으며, 아울러 주자소에서 주조된 몇 종류의 활자에 대해 언급하고 있다. 李相佰은 「조선동활자의 공헌－옛자랑 새 解釋」을 발표하였는데, 주로 여기서는 銅활자의 기원과 조선 銅활자가 다른 나라에 준 영향에 대해 논의했다.4) 이밖에도 1930년에는 中山久四郎이 「朝鮮印刷史」에서 주자소의 활동에 대한 논의를 펼쳤다.5)

1940년대에 이르러 주자소에 관한 논저들이 대량으로 나오기 시작했다. 1941년에 藤田亮策은 『書物同好會會報』11·12호에 두 번에 걸쳐 「鑄字雜記」를 발표하였으며, 1945년에는 牧野弘一이 『史學雜誌』에서 「新井白石수사본 <십일가주손자> 계미활자문에 대하여」라는 논문을 발표했다. 1943년에는 李仁榮에 의해 주자소 설립시기에 최초로 주조된 계미자에 대해 전문적인 연구가 이루어졌다.6) 또한 이즈음에 주목할 만한 성과로 文一平의 논의를 들 수 있다. 그는 40년대에 전후로 「簡文과 金屬活字」·「銅活字 만든 동기와 조선문명의 長短」·「조선활자와 동방문화의 동력」 등의 글을 통해서 문화배경 하에서 주자인쇄술을 논의하기 시작했다.7)

1950년대부터는 주자소를 중심으로 한 연구가 진행되기 시작했다. 이전까지의 연구가 주자소에 관련된 논급 수준의 성과였다면 이때부

---

4) 1936년 1월 8일자 『東亞日報』참조.
5) 中山久四郎, 「朝鮮印刷史」, 『世界印刷通史』 제2권, 東京: 三秀社, 1930 참조.
6) 李仁榮, 「선초의 활자판에 대하여」, 『京城帝大文學會學叢』 제1집; 「계미자에 대하여」, 『京城帝大文學會學叢』 제2집, 1943 참조.
7) 문일평의 이런 일련의 글들은 1946년에 출판된 『湖巖全集』의 제2권에 수록되어 있다.

터는 본격적으로 주자소에 대한 논의로 집중되었다고 할 수 있다. 그 예로 丸龜金作의 논문을 들 수 있다. 그는 「조선의 활자주자소에 대하여」[8] 라는 논문을 통해서 처음으로 조선조 주자소를 중심으로 전문적인 연구를 시도했다. 하지만 그 내용이 너무 소략하다는 한계를 지닌다. 1954년에 金元龍이 출판한 『韓國古活字槪要』는 한국 활자인쇄사에 관한 첫 전문 저작으로 평가할 수 있다.[9] 金元龍은 또한 조선조 주자소를 중심으로 비교적 상세한 연구를 시도하기도 했다.[10] 李弘植이 1954년에 발표한 「<十一家注孫子>와 癸未활자문제-新井白石寫本을 중심으로」라는 논문은[11] 新井白石寫本 『十一家注孫子』를 중심으로 癸未字에 대해 살핀 글이다.

1960년대에는 주자에 대한 연구 범위가 확대된 시기이다. 1963년에 金然昌은 「<동국후생록>의 주자제조법」을 발표하여[12] 주자의 주조 방법에 대해 본격적인 논의를 펼쳤다. 1962년에 全相運이 『과학사연구』에 발표한 「금속활자 인쇄술 발명에 대한 이견」[13]이라는 논문은 금속활자의 발명 문제에 대하여 논의한 글이다. 1961년에는 李相佰[14]이 갑인자에 대한 전문적인 논의를 전개하기도 했다.

이 외에도 金元龍은 「계미자 補遺」라는 논문을 통해서 계미자 印本의 토대 위에서 새로 발견된 계미자에 대해 보충 논의를 했다.[15]

---

8) 丸龜金作, 「조선의 활자주자소에 대하여」, 『朝鮮學報』 제4집, 1953 참조.
9) 金元龍, 『韓國古活字槪要』, 乙酉文化社, 1954.
10) 金元龍, 「李氏조선주자인쇄小史-주자소를 중심으로-」, 『鄕土서울』 제3호, 1958 참조.
11) 李弘植, 「<十一家註孫子>와 癸未活字問題-新井白石寫本을 中心으로-」, 『韓國古文化論考』, 1954.10.
12) 金然昌, 「<東國厚生錄>의 鑄字製造法」, 『考古美學』4-7, 1963
13) 全相運, 「금속활자 인쇄술 발명에 대한 이견」, 『科學史硏究』61, 1962
14) 李相佰, 「甲寅活字의 原本」, 『圖書』4, 1961
15) 『서지』창간호, 1960 참조.

大塚鐵[16]은 1961년과 1962년에 걸쳐 『朝鮮學報』를 통해 「癸未활자에 대하여」라는 글을 발표하기도 했다. 李元植과 김원근도[17] 이에 대한 논의를 펼친 바 있다. 특히 김원근의 경우는 새롭게 발견된 주자인쇄본과 새롭게 제기된 연구 성과에 힘입어 30여 년 전에 발표한 『朝鮮鑄字考』를 재정리하여 「韓國鑄字考」란 글을 발표했다.

이밖에도 房兆楹·金錫淳·咸元泰·白麟 등의 논의가[18] 있지만 모두 주자소에 대해 간략히 내용 소개만을 한 글들이다.

이 시기에 있었던 한국 인쇄활자에 대한 광범위한 연구로는 孫寶基의 「韓國印刷技術史」[19]를 들 수 있는데, 여기서 논자는 활자인쇄의 발명과 발달에 관해 통시적으로 살폈다.

2) 제2기의 연구

1970대와 1980년대에 이르러 주자와 관련된 연구가 활발히 진행

---

16) 大塚鐵, 「계미활자에 대하여」, 『朝鮮學報』21·22합병호 / 25호, 1961 / 1962
17) 李元植, 「韓國活字版의 演變」, 『國立政治大學學報』, 1964 참조.
　　김원근, 「韓國鑄字考」(「朝鮮鑄字考」), 『出版文化』1−6, 1965 참조.
18) 房兆楹, 「鑄字瑣談」, 『서지』1−2, 1960.
　　金錫淳, 「한국의 古活字 小考」, 『圖協月報』 제6호, 1962.
　　金錫淳, 「한국 古活字와 그 印本」, 『建大新聞』183호, 1964.
　　咸元泰, 「고려주자와 인쇄문화」, 『漢陽』2−2, 1963.
　　白　麟, 「李朝時代의 鑄字印刷」, 『韓國圖書館史研究』附錄부분, 韓國圖書館協會, 1969.
19) 孫寶基, 「韓國印刷技術史」, 『韓國文化大系』 제3권, 高麗大民族文化研究所, 1968

되기에 이른다. 1972년에는 프랑스 파리국립도서관에 소장되어 있는 세계 最古의 주자 印本『白雲和尙抄錄佛祖直指心體要節』이 세상에 공개되었는데, 이것은 주자 특히 고려시대의 주자와 관련된 연구를 자극하는 계기가 되었던 것이다.

이 시기에 발표된 주자인쇄사에 대한 통사적 연구물로는 孫寶基[20)] · 金斗鍾[21)] · 尹炳泰[22)] · 千惠鳳[23)]등의 저서를 꼽을 수 있다. 이와 달리 단대사적인 측면에서 고려 시대의 주자 발전사만을 연구 대상으로 삼은 논저로는 尹炳泰[24)]와 千惠鳳[25)]의 작업을 들 수 있으며, 조선 시대의 주자 발전사만을 연구 대상으로 삼고 있는 논저들로는 尹炳泰[26)] · 이희재[27)] · 홍강표[28)] 등의 논의가 있다.

주자의 印本이나 특정한 주자를 연구 대상으로 삼은 작업도 적잖다. 그 대표적인 논의들을 거론하면 尹炳泰[29)] · 千惠鳳[30)] · 金基泰 · 심

---

20) 孫寶基,『한국의 고활자』, 寶晉齋, 1971
   孫寶基,『금속활자와 인쇄술』, 세종대왕기념사업회,1977
21) 金斗鍾,『韓國古印刷技術史』, 探求堂, 1974
   金斗鍾,『韓國古印刷文化史』, 삼성미술문화재단,1980
22) 尹炳泰, 「고려시대의 활자인쇄문화」,『복현문화』13, 경북대, 1979
   尹炳泰, 「한국의 활자인쇄」,『문화재』53, 1976
   尹炳泰, 「한국활자인쇄연표」,『월간문화재』50, 1976
23) 千惠鳳,『고인쇄』, 대원사, 1989
24) 尹炳泰, 「고려금속활자본과 그 기원」,『도협월보』14-8, 1973
   尹炳泰, 「고려시대의 활자인쇄 문화」,『복현문화』13, 경북대. 1979
25) 천혜봉, 「고려주자인쇄술의 연구」,『논문집』22, 성균관대, 1976
   천혜봉, 「세계 초유의 창안인 고려주자 인쇄」,『규장각』8, 1984
26) 尹炳泰, 「조선시대 활자 사용고」,『규장각』2, 1978
27) 이희재, 「조선조 활자주조 및 문헌간행의 종합적 평가」,『도서관학』9, 1982
28) 홍강표, 「조선조 활자본의 사적 고찰」,『도서관연구』4, 서울시 도서관연구회, 1987
29) 尹炳泰, 「高麗活字印出-佛書三種-」,『佛教思想』2, 1973
30) 千惠鳳, 「고려주자판 남명천화상증도가의 중조본에 대하여」,『도서관학』15, 1988

우준·이희재·金允植[31)·한동명[32) 등이 제기한 글들을 꼽을 수 있다.

이들 논의 가운데 尹炳泰의 논문인 「高麗活字印出 佛書三種」은 고려시기 활자로 인쇄한 3부의 불교 서적 『南明泉和尙頌證道歌』·『白雲和尙抄錄佛祖直指心體要節』·『慈悲道場懺法集解』 등을 연구 대상으로 삼고 있으면 千惠鳳이 발표한 「고려주자판 南明泉和尙頌證道歌의 중조본에 대하여」라는 글은 13세기 崔怡가 제기한 주사印本 『南明泉和尙頌證道歌』를 연구 대상으로 한 것이다.

또한 千惠鳳의 「興德寺에서 주자인쇄한 直指心體要節」과 「고려 금속활자 인쇄와 直指心體要節」[33) 그리고 『佛祖直指心體要節해제』[34) 등의 작업은 金基泰[35)의 「고려 직지심경의 존속경위」 등의 글들과 더불어 모두 興德寺에서 주자 인쇄한 『白雲和尙抄錄佛祖直指心體要節』을 연구 대상으로 삼고 있다.

이 시기에 있었던 논문들 가운데 千惠鳳[36)의 「계미자와 그 간본 국보지정 및 새 발견 간본을 포함한 종합적 고찰」과 「계미자본십칠사찬고금통요」 그리고 심우준[37)의 「일본 국립국회도서관소장 찬도호

千惠鳳, 「고려 금속활자 인쇄와 직지심체요절」, 『충복문예』101, 1986
31) 김윤식, 「조선 세종조의 서적문화에 대한 고찰」, 『동대논총』17, 동덕여대, 1987
32) 한동명, 「校書館考」, 경희대학교 석사논문, 1979
   한동명, 「韓國中世紀印刷文化의 制度史的 研究－11－15世紀 校書館制度를 中心으로」, 경희대학교 박사논문, 1986
33) 이 글은 같은 해에 『淸州興德寺址 학술회의 보고서』에 실렸다.
34) 千惠鳳, 「불조직지심체요절해제」, 서울, 문화공보부 문화재관리국, 1988
35) 김기태, 「고려금속활자 발달의 배경 고찰－특히 직지심경의 존속경위를 중심으로」, 『도서관』33－5, 1978
36) 千惠鳳, 「癸未字와 그 刊本－國寶指定 및 新發見刊本을 포함한 綜合的 考察－」, 『서지학』6, 1974
   千惠鳳, 「계미자본십칠사찬고금통요」, 『규장각』9, 1985
37) 심우준, 「일본 국립국회도서관 소장 찬도호주주례판본고－특히 계미자의 종합적 고찰을 중심으로」, 『인문학연구』4, 중앙대, 1977

주주례판본고, 특히 계미자의 종합적 고찰을 중심으로」 등과 같은 글들은 모두 주자소에서 최초로 주조한 계미자를 연구 대상으로 하고 있다.

이와 다른 방면에서의 일련의 성과로 말미암아 향후의 폭넓은 연구를 위한 기반을 마련되기도 했다. 그 대표적인 논의로 김기태·천혜봉·김윤식의 작업들을 예로 들 수 있다. 특히, 김기태의 논의[38]는 고려시기 주자 발달에 대한 배경 연구를 시도하고 있으며 千惠鳳[39]과 이희재[40]의 논문은 모두 나라와 지역 간의 비교를 시도하고 있어 주목된다. 千惠鳳은 「이천과 세종 조의 주자인쇄」라는 글을 통해서 세종 조의 주자인쇄 발전 과정에 대해 살피는 한편 세종 조에 거행된 두 차례의 주자인쇄술 개량에서 李蕆의 역할이 중요했음을 강조했다. 이 외에도 교서관에 대한 연구인 동시에 주자소에 대한 논의한 한동명과 김소미의 작업도 참고 된다.[41] 金允植[42]의 논문 「조선 세종 조의 서적문화에 대한 고찰」은 세종 때 서적문화에 대해 고찰함과 동시에 당시의 주자소에 관해서 언급하고 있다. 이 시기에 발표된 글 가운데 조선조 서적출판 정책과 주자소에 대해 언급하고 있는 논문으로는 한동명[43]의 작업을 들 수 있다.

---

38) 앞의 논문
39) 千惠鳳, 「한중 양국의 활자 인쇄와 그 교류」, 『민족문화논총』4, 영남대, 1983
40) 이희재, 「동서양 초기 활자 인쇄방법에 관한 비교연구」, 『국회도서관보』 22-4, 1985
41) 한동명, 「교서관고」, 경희대 석사논문, 1979.
   한동명, 「한국중세기인쇄문화제도 사적연구-11~15세기 교서관을 중심으로-」, 경희대 박사논문, 1986.
   김소미, 「교서관에 관한 고찰: 교서관 인서자체와 필서체자를 중심으로」, 도서관학회지』, 동덕여대, 1986.
42) 앞의 논문
43) 한동명, 「조선조 서적출판정책에 관한 일고」, 『경희사학』, 경희대학교, 1987

3) 제3기의 연구

 1990년부터 지금까지 주자에 대한 연구는 종전에 비해 그 범위가 확장되었음은 물론이고, 문헌기록과 문헌실물을 이용하여 과학적인 실험 방법으로 실증적 연구를 시도했다는 점에서 이전의 연구와 사뭇 다르다. 이 시기에 발표된 대표적인 주요 연구 성과들로는 조형진[44]·임태삼[45]·조병순[46]·오국신[47]·전혜봉[48]·박문열[49]·김윤식[50]·안춘근[51]·金世翊[52] 등의 작업을 예로 들 수 있다.

 이상으로 주자 인쇄에 관한 연구논문들을 개략적으로 살폈다. 그 과정에서 주자 문제에 대한 연구가 끊임없이 심화되고 전문화되고 있다는 사실을 발견할 수 있었다. 반면 주자소 및 주자 기술 발전에 대한 연구는 상대적으로 불과 몇 편에 지나지 않음을 알 수 있다. 따라서 주자소 설립초기와 관련된 일부 문제들, 예를 들어 주자소의 설립 이유와 주자소의 설립시기의 주자소의 지위 등의 문제들에 대

---

44) 조형진, 「용재총화 주자소 기사의 실험적 해석」, 『서지학연구』5·6, 1990
　　조형진, 「金屬活字印刷의 組版技術」, 『서지학보』13, 1994
　　조형진, 「韓中兩國 活字印刷의 技術的 過程」, 『서지학연구』17, 1999
45) 임태삼, 「한국 고활자본의 형태서지적 면에서 본 사례본의 비교연구; 계미자에서 개주갑인자까지」, 『논문집』13−1, 경성대, 1992
46) 조병순, 「癸未字本 組版術의 殘影과 印出能力」, 『서지학보』창간호, 1990
47) 오국진, 「실증적 실험을 통해 본 옛 인쇄문화」, 『호서문화논총』, 서원대, 1999
48) 천혜봉, 「고려 사주 활자본」, 『호서문화논총』, 서원대, 1999
49) 박문열, 「고려 금속활자본 불조직지심체요절의 현대적 의미」, 『서지학연구』, 1999
50) 김윤식, 「도서편찬 및 간행에 관한 연구」, 성대 박사논문, 1992
51) 안춘근, 「직지심경의 활자자료」, 『고서연구』8, 1991
52) 金世翊, 『도서 인쇄 도서관사』, 아시아문화사, 1992

해 깊이 있는 연구와 분석이 요망된다. 이와 관련된 그리 많지 않은 논의 가운데 하나가 천혜봉의 논의이다. 논자는 주자소의 설립 이유에 대해 조선조의 '抑佛崇儒' 및 '右文'정책과 관련지어 분석하면서 다음과 같이 언급했다.

> 王朝의 基盤이 잡히자 (中略) 抑佛崇儒策을 國是로 하는 精神的 내지 理念的 土臺 構築에 拍車를 加하는 同時에 특히 右文政策의 實踐에 힘을 기울이기 시작하였다. 그 崇儒右文 政策의 促進에 있어서는 무엇보다도 重要한 것이 儒生들에 대한 學問의 勸奬이며 그 勸學을 위해서는 書籍을 刊行 普及시켜 博覽, 考究토록 하는 일이었다.53)

이와 같은 주자소 설립의 근본적인 원인에 대한 간단한 인식만으로는 주자소 및 주자 발전사에 대한 심층적 이해를 도모할 수 없다고 생각된다. 게다가 주자소의 창립자인 太宗이 왜 목판을 사용하지 않고 주자 인쇄술을 선택하였으며 태종과 당시 사람들은 왜 "책이 희귀하다"54)고 느꼈는지, 또한 왜 주자소를 통해 "세상 책들을 다 간행하려"55)했는지 등등의 문제들에 대해 시원스럽게 설명할 수 없는 한계를 지닌다. 그러므로 당시의 다양한 역사 문화적 배경을 기초로 하여 종합적이고 심도 있는 고찰이 요구된다 하겠다.

주자소와 관련된 기존의 작업 가운데 주자소 설립시기에 대해 고찰한 논의도 없지는 않다. 이 중 계미자 주자에 대해서 학계에 다양

---

16) 천혜봉, 「癸未字와 그 刊行國 지정 및 新發見. 刊本을 포함한 종합적 고찰」, 『서지학』6권, 通文館 40주년 특집, 한국서지학회, 1974, p.1.
54) 權近, 『陽村集』卷22 跋語類 「鑄字跋」, 『韓國文集叢刊』, 민족문화추진회, 1990, vol.7, p.225 또한 『東文選』卷103, 민족문학촉진회, 1998, vol.8, p.55. "書籍鮮少"
55) 上揭書. "盡刊天下之書."

한 견해가 제시되어 있다. 이와 관련된 논의의 쟁점은 두 방면에 집중되어 있다. 그 하나는 '금속활자를 최초로 사용한 시기가 언제인가' 하는 문제이고, 다른 하나는 '癸未小字를 太宗 계미년에 주조했는가'하는 문제이다. 전자에 대해서 일부학자들은 태종이 "내가 동(銅)으로 모를 떠서 글자를 만들려 하다"[56]고 명확하게 표명했다는 權近의 기록[57]과 후에 세종과 대신들이 "태종이 주자소를 실립했다"고 한 말에[58] 근거하여 이전에 사용한 것은 금속활자가 아니며 금속활자는 太宗시기에 이르러 나타났다는 추론을 하고 있다. 이 견해는 몇 차례의 논쟁을 거치면서 현재 학계에서는 회의적으로 받아들여지고 있다. 후자의 문제는 90년대부터 시작되었다. 조병순은 이에 대해 일련의 글을 발표해 '癸未小字'는 고려시대에 설치했던 '書籍院'이 만들었다는 결론을 얻고 태종이 주자소를 설립하여 小字를 계승하여 大字와 함께 책을 인쇄하는데 사용했다고 주장하였다. 이 견해는 아직까지 학계의 인정을 받지 못하고 있다. 그러나 기구의 설치, 주자활동, 주자인쇄활동 등의 주자소 설립과 주자활동 간의 관계에 있어서는 전반적이고 객관적으로 검증해 밝힌 논의가 아직 없었다. 때문에 癸未년 주자활동에 대한 논쟁의 핵심은 아직 정확히 다뤄지지 않은 실정이라고 볼 수 있다.

한편, '주자소의 지위가 어떻게 확립되었는가'하는 문제에 대해서는 아직까지 학계의 주목을 제대로 받지 못했다. 현재 학계는 世宗시기 거행한 두 차례의 주자기술개량에 대해서는 다소 논의된 바 있다. 이들 논의 가운데 조형진은 과학실험적 연구방법을 도입하여 이

---

56) 上揭書. "予欲范銅爲字."
57) 上揭書.
58) 『世宗庄憲大王實錄』권65, 16年 甲寅 7月 丁丑條, 『朝鮮王朝實錄』제3권, 국사편찬위원회, 1955, p.578. 제3권.

문제에 대해 실질적이고 구체적으로 검증한 뒤, 世宗시기 활자인쇄술 개량을 전반적이면서도 정확하게 인식하도록 기반을 마련하였다. 하지만 이 문제도 또한 오늘날에 이르기까지 개량의 내용에만 집중하고 있을 뿐, 그 원인 규명과 世宗시기 주자소 지위의 확립문제까지를 연관시켜 적절히 논의하지 못한 한계를 지닌다고 할 수 있다.

이런 기존 논의의 한계를 극복하고자, 본 논문은 현존하는 문헌기록과 실물자료를 근거로 하고 문헌고증과 논리적인 추론, 물리학적인 논증, 과학실험 논증 등의 방법을 운용할 것이다. 그리하여 주자소의 설립과 관련되는 역사적 배경, 주자소 설립양상, 주자소 지위의 확립 등 문제에 대해 다각적이면서 종합적으로 논의해 상호간의 관계를 도출하고자 한다.

본고 제 2장에서는 주로 주자소의 설립배경에 관해 다룰 것이다. 여기서는 여말선초의 서적의 공급과 수요, 주자기술의 배경 두 부분으로 나누어 논의하고자 한다.

제 2장에서는 麗末鮮初期의 사상적 변화에 주목하여 여말선초의 서적 유통 상황과 주자소 설립 이전의 주자 기술 배경에 대해 살피기로 한다. 먼저, 麗末鮮初期의 사상적 변화와 서적의 유통에 대해서는 서적의 수요층에 대해 분석을 한 뒤, 여말선초 학풍의 전환과 성리학의 興起 그리고 博學之風 유행 등에 대해 개괄함으로써 학풍의 전환으로 말미암아 당시 사람들에게 있어서 서적 수요에서 보인 새로운 경향에 대해 논의하기로 한다. 서적의 공급 계층에 대해도 살펴 서적사업에 관한 제 양상에 대해서도 개괄하기로 한다. 예를 들어 도서출판업, 도서 저장업, 도서유통업 및 冊紙 등에 대해 고찰하여 당시 도서사업 전체에 있어서의 그 각각의 특징에 대해서도 살필 것이다. 서적의 공급과 수요에 대한 분석을 바탕으로 하여 양자를 비교함으로써 여

말선초 서적의 공급과 수요 상황에 대해 전반적으로 다룰 것이다.

다음으로 주자소 설립 이전의 주자 기술 배경에 대해서는 주자소 설립 이전의 주자인쇄 활동을 중심으로 논의할 것이다. 아울러 고려의 '復'자, 13세기 崔怡를 중심으로 한 강화도에서의 주자 인쇄, 淸州興德寺의 주자 인쇄, 鄭道傳의 書籍鋪에 대한 구상, 고려 말기 書籍院의 출현 등에 대해 고찰하기로 한다. 이런 일련의 분석 과정을 통해 주자 인쇄 활동과 그 발전사적 측면에서 새로운 시각을 마련하고 노력할 것이다. 본고에서는 주지소 설립 이전에 당시 사람들의 '주자에 대한 인식'에 중점을 두고 살필 것이다. 당대인들의 이런 주자에 대한 인식적 문제는 학계에서 그다지 고민하지 않는 부분으로 당시의 기록을 근거로 하여 그에 대응되는 주자활동과 연결 시켜 추론하기로 한다.

3장에서는 주자소 설립 제안과 그 소속과 편제 그리고 주자소의 주요 활동과 주자소의 기술 전승 양상에 대해 살피기로 한다. 먼저 주자소 설립에 대한 제안에 대해서는 문헌적인 고증과 漢文法學 등의 방법을 통해 상관된 기록들을 재분석하여 이를 바탕으로 주자소 설립에 대한 제안이 쟁점화 되기까지의 실제 내용과 그 해결 과정까지에 대해 논증할 것이다. 주자소의 소속과 편제에 대해서는 주자소 설립과정에서 드러난 사실 분석을 바탕으로 '官在內과 衙在外'에 대해서, 그리고 주자소 설립시 기구 성격과 편제 등에 대해 논의하기로 한다. 주자소의 주요 활동 부분에 대해서는 우선 주자소 설립 초기의 주자 활동에 대해 살핀 뒤, 계미자의 주조 과정과 방법, 그리고 그 명칭의 변천과 형태 등에 대해 당시 자료를 바탕으로 癸未小字의 실태에 관해 고찰할 것이다. 나아가 癸未字를 이용하여 진행한 인쇄 활동을 현존하는 문헌 기록이나 실물을 바탕으로『朝鮮國樂章』의 인쇄 연대에 대해 고증하기로 한다. 마지막으로 주자소의 기술 전승 양상에 대해서는 먼저 조선 초기 주자소 설립 이전에 주자 인쇄 활동이 진행된 여부에 대해 재고하기로 한다. 이를 바탕으로 계미자의 조판 인쇄방식 및 관련 문제에 대해 살필 것이다. 끝으로 물리학적 논증 방법 및 과학 실험적 논증의 방법을 운용하여 癸未大字의 출현과 주자 인쇄효율성에 대해 종합적으로 논의하기로 한다.

제 4장에서는 世宗朝 주자소의 지위 확립 과정과 그 기능의 확대, 그리고 기술 개량과 기술 전파에 관해 다룬다. 먼저 주자소 지위 확립의 배경으로 기구와 기술상의 문제를 거론하고 세종의 호학적 면모를 의미 있게 부각시켰다. 이로 말미암아 출판업이 당면한 효율성의 문제가 제기되어 급기야 주자소가 世宗시기에 이르러 그 지위를 확립할 수 있게 바에 대해 살필 것이다. 다음으로 기구의 조정과 기능의 확대에 대해서는 기구의 조정과 주자소 설치의 起因과 과정 등에 대해 고찰하기로 한다. 아울러 주자소 기구 조정의 결과로 나타난 기능의 확대에 대해도 살필 것이다. 주자 기술의 개량에 대해 살피기 위해서 世宗 대왕 시기에 발생한 두 차례의 중대한 주자 기술 개량에 대해 분석하기로 한다. 우선 1차 개량인 庚子字 개량의 起因과 그 과정에 대해 논의할 것이다. 개량 내용에 대한 논의에서는 주로 庚子字의 글자체가 작아진 것에 대해 집중적으로 검토할 것이다. 이어 庚子字의 형태와 개량의 동인, 그리고 그 기술 준비와 과정 등에 대해 살피기로 한다. 마지막으로 주자 기술에 대한 전파 양상에 대해서는 世宗 17년에 조선의 사신들이 중국으로 건너가 주자 기술에 관해 논의한 자료를 중심으로 살필 것이다. 이를 통해 세종이 사신을 통해 주자관련 논의를 진행한 동인에 대해 알아보기로 한다.

이런 일련의 연구 과정을 통해 본고는 조선 초기 주자소의 전반적인 모습을 확연히 드러낼 수 있게 할 것이다.

제 2 장 주자소 설립의 배경

    주자소의 설립은 조선조 초기 유교를 숭상하고 학문을 중요시하는 정책과 직접적인 관계가 있다. 다시 말해 조선왕조는 불교를 억제하고 유교를 숭상하는 국책을 추진하기 위해 右文정책을 실시했다. 그 결과, 유생들이 학문을 닦는 것이 우선시 되었으며, 이 목적을 달성하기 위해 서적을 발행하고 보급하는 데 심혈을 기울이기 시작하였다. 이런 과정 속에서 태종은 왜 주자 인쇄 기술로 서적을 간행함과 동시에 주자소를 설립하고자 했을까? 그 주된 원인은 역사 문화적 배경 속에서 찾을 수 있다.

1. 麗末鮮初期의 사상적 변화와 당시의 서적 유통 상황

1) 학풍의 변화와 서적 수요의 실상

고려후기부터 불교문화의 독보적인 지위는 점차 흔들리기 시작하였다. 한편으로는 성리학이 유행하기 시작하였는데 불교의 위치를 점점 대신해나가다가 조선조 건립 후에는 국교로 자리 잡았다. 다른 한편으로는 성리학이 유행하면서 학자들은 성리학 연구에만 몰두한 것이 아니라 다른 분야 학문 연구에도 많은 관심을 가지게 되었다. 이리하여 박학의 풍조가 일어났다.

(1) 학풍의 변화

① 성리학의 유행

일명 주자학이라고도 하는 성리학은 南宋의 朱熹가 二程학설을 기초로 하여 발전시킨 것이다. 그 후 얼마 안 되어 성리학이 급성장하여 유학과 기타 학파를 초월하고 당시 사회의 주요사상으로 자리메김하게 되었다. 그럼에도 불구하고 송나라로부터 성리학이 고려에 전파되기까지는 적잖은 시간이 걸렸다. 때문에 宋나라와 동일한 시대인 고려 중기의 유학에서는 성리학과 직접적으로 관련이 있는 부분을 찾아보기가 아주 힘들다.

고려 후기의 安珦(1243－1306)에 의해 최초로 주자성리학을 고려에 전파된 후, 白頤正·權溥·禹倬 등에 의해 연구와 동시에 보급되었고 李齊賢(1278－1367)·李穀(1298－1351)·李穡(1328－1396)이 그 맥을 이어 점차 발전시켰다.

송나라의 성리학은 고려 충선왕(1308－1313)의 지지 속에서 수입되었다. 충선왕이 세자로 있을 때 白頤正과 같이 원나라에 간 적이 있었는데 원나라 학자들과 교류하면서 당시 새로운 학문인 성리학에 관심을 갖게 되었던 것이다. 퇴위한 후 충선왕은 원나라에다 萬卷堂을 세우고 李齊賢과 같이 원나라의 덕망이 높은 학자들과 교류하면서 성리학에 대해 더 깊이 이해할 수 있는 토대를 마련했다.

성리학이 고려에 수입될 수 있었던 당시 상황은 불교의 曹溪宗과 밀접한 관련이 있다. 武人집권시기에 큰 발전을 이룬 曹溪宗은 불교와 유교는 근원이 하나라는 사상적 경향을 갖고 있어 당시의 유학에 대한 깊이 이해하는 데 도움이 되었다. 安珦부터 李穡에 이르기까지 그들은 비록 성리학을 새로운 학문으로 받아들여 소개를 했지만 철학적 측면에서 깊이 있는 연구 성과에 도달하지는 못했다. 이런 사실은 설사 李穡과 같은 석학 대문장가들도 성리학 연구에 있어서 깊이 있는 저서를 남기지 못한 것을 보면 알 수 있는 사실이다. 이런 상황은 14세기 중엽에 이르러서도 지속되어 성리학은 당시의 적잖은 지식인에게 온전히 이해되지 못한 부분으로 남아 있었다. 당시 학술 사상적으로 주도적 위치를 차지한 것은 두 말할 필요 없이 불교와 전통유학 그리고 詩文詞章之學 등의 학문 분야였다.

그 후에 고려 말기에 이르러 정몽주가 본격적으로 철학적 차원에서 성리학에 대한 본질적 탐구를 하기 시작하였다. 후세에 많은 학자들은 정몽주가 한국 성리학의 진정한 도입자라고 말하고 있다. 이런 상황에 대해 成俔은 『慵齋叢話』에서 다음과 같이 언급하고 있다.

> 고려 때의 文士는 다 詩騷를 추앙하는데 圃隱만이 성리학을 제창하기 시작하였다.[1]

'동방성리학의 시조'로 불리어지고 있는 정몽주는 젊었을 때부터 『中庸』 연구에 열중하였고 만년에 와서는 『易傳』을 탐독했다. 그는 오랜 시간에 걸쳐서 '執中' 및 '時中'의 철학사상을 연구하였으며 이런 사상의 영향을 받아 호방한 기질을 형성하게 되었고 급기야 충성스런 氣節로 드러나게 된다. 정몽주에 이어서 吉再·鄭道傳·權近 등과 같은 성리학자들이 속출하였는데 그들은 모두 李穡의 문하생이었다. 그 중 조선왕조의 건립에 공훈을 세운 鄭道傳·權近 등은 여말선초 성리학 발전에 기반을 마련해 놓은 인물들로 사대부계층의 불교 신앙과 친족결혼을 비판하였을 뿐만 아니라 유교의 의식을 따르고 『朱子家禮』에 따라 家廟를 세울 것을 강력히 주장하였다. 이들에 의해 성리학은 지식인들에게 광범위하게 받아들여지기 시작하였으며 점차 유교가 불교를 대체하여 조선시대의 주요사상으로 발전하게 되었다.

성리학 역시 전통적인 유학처럼 君臣, 父子 등 인간관계를 주요 연구대상으로 삼았으며 '三綱五常'을 기본 도덕규범으로 내세웠다. 그

---

1) 成俔 『慵齋叢話』 제1권, 『국역대동야승』에 인용, 민족문화추진회, 1971, vol.1, p.9. "高麗文士皆以詩騷爲業 惟圃隱始倡性理之學"

러나 전통적인 유학과는 달리 성리학자들은 우주와 인류의 근원을 탐구하는 데 주요 목적을 두었다. 그들은 인간성과 천리의 조화와 통일을 강조하였으며 形而上學과 形而下學을 동등하게 중요시하였다. 이것은 당시 유행한 佛敎敎理·詩文·訓詁 등을 중심으로 한 학풍과는 거리가 멀었다.

② 박학 숭상의 시대적 분위기

비록 여말선초에 성리학이 유행한 것은 사실이지만 당시 학자들은 성리학 연구뿐만 아니라 다양한 학문 분야에 관심을 갖고 남이 모르는 지식에 대해 탐구하고자 했다. 이들 가운데 특히 鄭道傳은 성리학에 많은 관심을 갖고 있었을 뿐만 아니라 의학에 관한 책도 많이 읽어 『診脈圖』라는 의학서적까지 펴 낸 바 있다. 이 책의 서문에서 李崇仁은 다음과 같이 언급하고 있다.

> 읽지 않는 책이 없고 정통하지 못한 기술이 없다면, 이것은 개인이 노력한 결과라 볼 수 있다.[2]

이와 같은 시대적 분위기는 그야 말로 '박학 숭상'으로 이어져 당시 지식인들 사이에서 유행처럼 번져나갔다. 그 일례로 南在의 경우는 산법에 정통하여 당시 계산법이 중국으로부터 갓 전래되어 들어와서 그것을 이해하는 사람이 없었는데에도 불구하고 南在는 벌써 그것에 능통해 있었다 한다. 그래서 사람들은 그를 '南算'이라 하였다. 일찍이 그가 중국의 북경에 간 일이 있었는데 그 때 그는 가마를

---

2) 李崇仁, 『陶隱先生文集』권4, 「診脈圖誌」, 『韓國文集叢刊』, 민족문화추진회, 1990, vol.6, p.593. "若由是而無書不讀 無術不工 則在其人矣"

타고 가면서 앞으로 얼마 더 가면 산과 강이 있다고 아주 정확하게 계산해 냄으로써 중국 사람도 경악한 일이 있다고 한다.3)

우의정 柳寬(1346-1433)의 경우는 經書·史書를 널리 읽었을 뿐만 아니라 병서에 대해서도 많은 관심을 갖고 있었다. 그가 모든 정력을 서적의 수집, 독서에 쏟았기 때문에 집안살림을 돌 볼 겨를이 없어서 가계가 말이 아니었지만 그는 전혀 개의치 않았다고 한다.4)

학자들의 이런 박학의 풍조가 만연한 가운데 정몽주를 비롯한 많은 성리학자들은 배움에 지칠 줄 몰라 독서하기를 즐겼다.5) 河崙과 같은 이도 마찬가지였다.

독서를 즐기며 손에서 책을 놓을 줄 모르고, 침식을 잊을 정도로 책을 읽기를 좋아하였다. 음양, 의술, 성경, 지리 등에 매우 정통했다.6)

李崇仁도 타고난 총명과 재질로 학문이 깊고 박식하였으며 성리학을 주로 연구하였지만 기타 학문에도 정통하여 불교교리, 도가원리의 정확성 여부에 대해서도 상세히 연구하였다.7)

---

3) 「(南在)行狀」, 南在, 『龜亭先生遺稿』上, 「附錄」에서 인용, 『韓國文集叢刊』, 민족문화추진회, 1990, vol.6, p.638. "先是 演算法自中國初來 人莫有能解者 府君究之如神 人謂府君南算 及奉表赴京 坐轎中布算 度前幾裏有山 幾裏有水 歷歷皆驗 華人莫不驚異"
4) 『世宗莊憲大王實錄』권60, 15年 癸丑 5月 己未條. 『朝鮮王朝實錄』, 국사편찬위원회, 1955, vol.3, p.474. "博覽經史 敎誨不怠 至於武經 亦皆涉獵 居家不治産業 惟以書史自娛 雖至屢空 略不介懷"
5) 咸傅霖, 「行狀」, 鄭夢周『圃隱先生集』附錄, 『韓國文集叢刊』, 민족문화추진위원회, 1990, vol.5, p.636.
6) 「史氏贊」, 河崙, 『浩亭先生文集』권4, 附錄, 『韓國文集叢刊』, 민족문화추진위원회, 1990, vol.6, p.487. "性好讀書 手不釋卷 悠然嘯詠 至忘寢食 至於陰陽 醫術 星經 地理皆極其精"
7) 權近, 「奉敎序」, 李崇仁, 『陶隱先生集』附錄, 『韓國文集叢刊』, 민족문화추진위원회, 1990, vol.6, p.523.

세종 때에 이르러서는 이러한 풍조를 더욱 권장되었다. 세종은 재능과 학식이 겸비된 젊은 인재들을 뽑아 산에 들어가서 책을 읽게 하였는데 그들의 생활비용은 나라에서 부담하기 까지 했다. 그들은 열심히 經書·歷史·百子·天文·地理·占卜 등을 탐독하여 모르는 것이 없을 정도였다고 한다. 물론 세종은 훗날에 이러한 인재들을 중용하려고 한 것이다.8) 세종은 이렇게 인재 양성에 많은 심혈을 기울였을 뿐만 아니라 자기 자신도 博覽을 즐기는 학자이기도 했다. 徐居正은『筆苑雜記』에서 세종에 대해 다음과 같이 기록하고 있다.

세종은 천성이 학문을 좋아하여 세자로 되기 전에, 매양 글을 읽을 적에 반드시 백 번씩 읽으며, 좌전(左傳)과 초사(楚辭)는 다시 백 번을 더하였다. 일찍이 몸이 편치 못하면서도 글 읽기를 폐하지 아니하여 병이 점점 심해지니, 태종이 내시에게 명하여 갑자기 그 처소에 가서 책을 모두 거두어 오게하였다. 다만 구소수간(歐蘇手簡) 한 권이 병풍 사이에 남아 있었는데, 세종은 천백 번을 읽었다. 왕위에 오르자 날마다 경연(經筵)에 나가서 읽지 않은 책이 없었으니 밝고 부지런한 공이 백왕(百王)에서 뛰어났었다. 일찍이 근신(近臣)에게 말하기를, "글을 읽는 것은 유익한 일이나 글씨 쓰고 글 짓는 것과 같은 일은 임금으로 유의할 필요가 없다." 하였다. 만년에 피로하여 정무는 보지않으면서도, 문학에 대한 일에는 더욱 마음을 두어 유신에게 명하여 국(局)을 나누어 여러 책을 편찬하게 하였으니, 고려사(高麗史)·치평요람(治平要覽)·병요(兵要)·언문(諺文)·운서(韻書)·오례의(五禮儀)·사서오경음해(四書五經音解) 등이 동시에 편찬 되었는데, 다 왕의 재결

---

8) 徐居正,『筆苑雜記』권2,『國譯大東野乘』권3, 민족문화추진위원회, 1971, vol.1, p.274. "世宗設集賢殿 聚文學之士 培養數十年 人才輩出 尚慮朝衙夕直 不專意講讀 選年少有才行者數人 許暇遊山讀書 官給供具 肆意于經史 百子 天文 地理 醫藥 卜筮 淹貫該博 無所不通 將爲大用之地 前有辛文 僖碩祖 權承旨采 南直殿秀文 後有申文忠公叔舟 余皆名士也"

을 거쳐서 이룩되었으며 하루 동안에 열람한 것이 수십 권에 이르니, 가
히 하늘의 운행과 같이 정성이 쉬지 않는다 하겠다.9)

이러한 博學博覽의 풍조는 세종 중기에 와서 그 열기가 식기 시
작하였다. 『世宗實錄』에 의하면 세종은 신하들과 함께 이런 博覽의
단점에 대해서 다음과 같이 토론한 바 있다고 한다.

　　경연에 나아가서 강론하다가, "지금 사람들이 글을 읽어서 한유(漢
儒)만큼 얻음이 있어도 좋겠다. 한유(漢儒)들은 각각 한 가지 학문만
오로지 하였기 때문에 극히 자세히 보고 깨우쳤는데, 지금 사람은 겨
우 이것 한 가지를 보고는 또 저것 하나를 보기를 요구하므로, 나중
에 도무지 연구해 얻음이 없다."고 한 말에 이르러, 임금이 말하기를,
"이것이 내가 학자들을 위해 근심하는 것이다. 사서(四書)·오경(五
經)·백가(百家)·제사(諸史) 등을 어찌 하나같이 정밀하고 익숙할 수
있으리오. 지금 학자들이 사서·오경을 두루 익히고자 하므로 소득(所
得)이 없을 것은 명백하다. 반드시 정숙(精熟)하여 관통(貫通)하고자
하면 경전(經傳)에 전심(專心)하는 학문만 같지 못하다."하였다.10)

---

9) 徐居正, 『筆苑雜記』권1, 『國譯大東野乘』권3, 민족문화추진위원회, 1971, vol.1,
　　pp.271~272. "天性好學 其未出合(按: 疑爲閤) 每讀書必百遍 于『左傳』·
　　『楚辭』又加百遍 嘗違豫 亦不輟讀 病漸劇 太宗命中官猝至其所 盡搜書
　　帙而來 獨『歐蘇手簡』一卷遺在屛障間 世宗讀千百遍 及繼位 日禦經筵
　　無書不讀 緝熙時敏之功 高出百王 嘗語近臣曰 讀書有益 如寫字製作
　　人君不必留意也 晚年倦勤 不視朝 然于文學之事尤所軫慮 命儒臣分局撰
　　次諸書 曰『高麗史』曰『治平要覽』曰『兵要』曰『諺文』曰『韻書』曰『五
　　禮儀』曰『四書五經音解』同時撰修 皆經睿裁成書 一日禦覽可數十卷 其
　　可謂天行健純亦不已也"
10) 『世宗實錄』권59, 十五年 癸丑 二月 丙戌條, 『朝鮮王朝實錄』, 국사편찬
　　위원회, 1955, vol.3, p.441. "御經筵 講至今人讀書得如漢儒亦好 漢儒各
　　專一家 故看得極仔細 今人才看這一件 又要看那一件 下稍都不曾理會得
　　上曰 此吾所以爲學者患也 四書五經 百家 諸史安得一樣精熟 今學者欲
　　遍習四書五經 其無所得明矣 必欲精熟貫穿 莫如專經之學"

세종이 염려하고 있는 것은 박학숭상의 시대적 분위기로 말미암아 경전에 정통하지 못할 수 있다는 사실과 더불어 박학은 오로지 경전에 전념하는 것만 못하다는 것이다.

(2) 서적 수요에 대한 새로운 변화

이상의 논의를 통해서 우리는 고려 말기부터 조선조 초기에 이르기까지, 즉 주자소 설립 전후시기에 지식인 계층의 학문적 관심분야에 변화가 생겼다는 사실을 알 수 있었다. 학계의 이러한 변화는 독서 경향에 적잖은 영향을 끼쳤음은 당연한 일이었다. 그 결과 도서에 대한 수요가 증가하고 다양한 도서종류가 요구되었다. 이런 변화는 주로 성리학 서적 분야에 집중적으로 드러났고 나아가 이전에 중시를 받지 못했던 학과의 서적에까지 미쳤다.

① 성리학 관련 서적에 대한 수요의 증가

두 말할 필요도 없이 성리학의 발전은 성리학 서적에 대한 수요를 증가시키는 결과를 낳았다. 고려 말에 이르러 중국으로부터 성리학에 관한 서석이 수입되었다는 사실을 尹祥의 다음과 같은 기록을 통해서 확인할 수 있다.

> 신라와 고려 두 시대에 유학자들이 다만 言語과 文章에 대해 중요시를 갖고 있으며 고려 말기에 이르러서야 몇몇 되지 않는 程朱의 서적들이 우리나라로 전파되어 들어오기 시작하였다.[11]

---

11) 「月川家藏先生手筆」, 尹祥, 『別洞先生集』권3, 「附錄・聞見錄」에서인용, 『韓

여기서 말하는 '程朱의 서적'이란 성리학 서적을 의미한다. 성리학 서적에 대한 지식인 계층의 수요는 급등했지만 성리학 서적의 전파는 이러한 수요에 부응하지 못했다. 그리하여 성리학 서적에 대한 수요는 급기야 일종의 갈망으로 변하였으며 '책이 너무 희귀하다'는 학자들의 소리가 여기저기서 터져 나왔다. 세종 때 卞季良이 쓴 「四書五經性理大全跋」에는 이런 당시의 사정에 대해 다음과 같이 기록하고 있다.

우리 동방에 서적이 드물어서 배우고 연구하는 사람들이 능히 다 널리 <보지 못함을> 우려하였고, 宋나라 이후로는 여러 유학자의 학설로 經書를 輔翼한 자만도 무릇 1 백 20 명이 되는데, 모두 이 책에 갖추어 있어 일목요연하니, 이제 이번의 刊行이 어찌 우리 동방 학자에게 크게 다행한 일이 아니겠는가.12)

변계량의 언급을 통해서 당시 책이 수요에 비해 공급이 적었다는 사실과 송나라 이래로 경서를 輔翼하던 120명 유학자들의 학설에 관련된 서적을 출판함으로써 이 문제가 어느 정도 해결되었다는 것을 알 수 있다. 당시 지식인들이 서적이 적다고 말한 것은 성리학 등 특정 분야의 서적이 적다는 것을 의미하는 것으로 당시 사람들의 성리학 서적에 대한 갈망을 엿볼 수 있다.

당시 성리학의 수입으로 인한 학풍의 변화와 더불어 성리학 서적에 대한 수요의 증가가 주자소 설립의 한 배경이 되었던 것이다. 서적

國文集叢刊』, 민족문화추진위원회, 1990, vol.8, p.293. "然二代之儒 其歸重終在於言語文章之間 逮于麗末 程朱之書稍稍東來"

12) 卞季良, 『春亭先生文集』권12, 『韓國文集叢刊』, 민족문화추진위원회, 1990, vol.8, p.3. "吾東方文籍鮮少 學者病其未能盡博 大宋以來諸儒之說輔翼經書者凡百二十人 而皆具此書 一覽了然 今此刊行 豈非吾東方學者之幸也耶"

에 대한 시대적인 실질적 요구가 서적을 공급하게 하는 동인이 된 셈이다.

② 독서대중의 異書에 대한 수요

구하기 힘들고 찾아보기 힘든 책을 이서라 한다. 성리학 서적에 대한 욕구가 증대되고 박학을 숭상하는 사회적 분위기를 말미암아 이서에 대한 욕구도 점점 많아졌다. 이런 경향은 박학을 숭상하는 시대적 분위기와 더불어 진행되었다. 그 대표석인 인물로 징도전을 꼽을 수 있다. 그는 자신이 발견한 책들은 다 읽었지만 목마른 사람이 물을 찾아 헤매듯이 異書찾기에 여념이 없었다고 한다. ≪삼봉집≫을 보면 여러 군데에서 외지로 부임되는 친구에게 아주 정중하게 책을 구해달라고 부탁하는 내용이 보인다. 이로써 미루어 짐작할 때, 정도전의 貪書에 대한 욕망을 짐작할 수 있다.

만약 흔히 볼 수 없는 책이 있거든 꼭 나한테 부쳐 주시구려. 내가 책을 학수고대하다가 늙지 않게 하려거든 말일세.13)

한번은 楊廣道로 부임되어 가는 친구에게 오랫동안 책을 보지 못하였고 병 또한 잦으니 약과 책을 구해 부쳐 달라고 하였다.14) 경상도로 부임되어 가는 친구에게도 그곳의 특산물과 약재 그리고 책을

---

13) 鄭道傳, 『三峰集』권2, 「送僕副令按江陵, 又」, 『韓國文集叢刊』, 민족문화추진회, 1990, vol.5, p.309. "關東風氣接蓬瀛 草木生成地自靈 若得異書須寄我 免敎雙鬢變星星"
14) 鄭道傳, 『三峰集』권2, 「送黃摠郎按楊廣道」, 『韓國文集叢刊』, 민족문화추진회, 1990, vol.5, p.316. "嗟予學已廢 老矣病難痊 藥料並書卷 煩君——傳"

보내달라고 부탁한 내용을 볼 수 있다.[15] 정도전이 책을, 특히 보기 드문 책을 구해 보는 데 열중했다는 사실은 개인적인 취미를 넘어서 당시의 박학적 분위기와 무관치 않다. 당시 대부분의 독서대중이 박학을 숭상하는 시대적 분위기 속에서 異書를 탐독했던 것이다.

2) 여말선초 시기의 서적 간행과 유통

앞서 언급한 바와 같이 여말선초 시기 학풍 전환의 영향으로 말미암아 지식계층의 서적에 대한 수요에 새로운 변화가 있었다. 여기서는 이런 시대적 변화에 부응하여 당시의 서적사업, 즉 서적의 출판과 소장 그리고 유통 상황이 대체로 어떠했으며 어떤 방법을 통해 야기된 서적부족의 문제를 해결했는지에 대해 살펴보기로 하자.

(1) 서적 간행 상황

고려시대는 출판업이 매우 발달한 때였다. 11세기부터 정부의 조직 하에 두 차례나 불교경전인 『大藏經』을 刊刻한 사실이 이를 증명할 수 있다. 그 후 고려 중기부터 말기에 이르기까지 서적의 간행

---

15) 鄭道傳, 『三峰集』권2, 「送李摠郎按慶尙道」, 『韓國文集叢刊』, 민족문화추진회, 1990, vol.5, p.316. "李侯當代傑 登此范滂車 五道嶺南最 千年羅代餘 地靈饒藥物 板刻富文書 儒士本多病 題封寄草廬"

은 부단히 지속된다. 고려시대 중앙정부 산하의 秘書省·書籍鋪 비롯해 東京留守(慶州)·西京留守(平壤)·安西都護府(海州)·南原府·忠州牧·全州牧·羅州牧·晉州牧·福州牧(安東)·尙州牧 등 지방관서에서도 많은 서적을 刻印되었다. 秘書省 대한『高麗史』의 기록을 보면 다음과 같다.

> 문종 10년(1056)8월, 경성의 進士, 明經 등 擧人이 읽는 책들은 다수 가전사본이라서 오자가 아주 많았으므로 秘閣에 소장했던『九經』·『漢書』·『晉書』·『唐書』·『論語』·『孝經』및 子史·諸家文集·醫書·占卜·地理·律算 등 서적을 여러 학원에 하사하여 저장하게 하고, 관계기구에 명하여 상기의 서적들을 한 부씩 찍어 중앙에 올려 보내게 하였다.16)

이 기록을 통해서 앞서 열거한 책들은 문종 10년 이전에 이미 刊刻되었으며 秘閣에 소장되어 있었다는 사실을 알 수 있다. 그 중『九經』은 유가의 9부 경서, 즉『周易』·『尙書』·『詩經』·『周禮』·『儀禮』·『禮記』·『春秋左傳』·『春秋公羊傳』·『春秋穀梁傳』 등의 책을 가리킨다. 거기에다『漢書』·『晉書』·『唐書』·『論語』·『孝經』 등을 더하면 그 수량이 엄청났었다고 할 수 있다. 그밖에도 서명을 나열하지 않은 子史·諸家文集·醫學·占卜·地理·律算 등 관련된 책들도 많았다. 이런 사실들도 볼 때, 당시에 출판된 서적들이 얼마나 많았는지 짐작할 수 있다.

관청에서 뿐만 아니라 寺刹에서도 다량의 책들을 刻印하였다. 현재 알려진 바에 의하면, 玄化寺·金山寺·浮石寺·安國寺·海印寺·符仁寺·開泰寺·白蓮寺·般若寺·萬義寺·圓嵒寺·鷲岩寺·興德寺·靑

---

16)『高麗史·世家』권7, 文宗 10년 8월條.

龍寺·東覺社·斷俗寺·神勒寺·釋王寺·壽慶寺·宴海庵·龍門寺·報恩禪寺·龍岩寺·萬日寺·佛峰寺·修禪社·仁興寺·妙蓮社·白蓮寺·下鉅寺·妙喜庵·廣明寺·開天寺·堀山寺·伏岩寺 등 30여 곳의 寺刹에서 刻印 작업을 하였다.

고려 말기부터는 개인의 詩文集을 刻印해 출판하기 시작하였다. 현재 개인刻印書라고 명확하게 확인된 것만 해도 10여 종에 달한다. 그 중에는 李齊賢의 셋째아들과 장손이 刻印한 李齊賢의 『益齋亂稿』와 偰遜의 아들이 刻印한 偰遜의 『近思齋逸藁』, 그리고 權溥이 아들 準과 함께 刻印한 『孝行錄』, 李仁老의 『銀臺集』·『銀臺後集』·『雙明齋詩集』·『破閑集』 등이 바로 그것이다. 『銀臺集』과 『雙明齋詩集』은 刻印者가 밝혀지지 않았으며 『銀臺後集』과 『破閑集』은 李仁老의 아들 世黃이 嶺南 安廉使 太原王公의 재정적 도움을 받아 刻印한 것이다. 이 외에도 李承休의 둘째 아들과 조카사위 安克仁 刻印한 李承休의 『冬安居士集』, 鄭誧의 아들 鄭樞가 刻印한 鄭誧의 『雪谷詩藁』, 李穀의 사위 朴尙衷이 刻印한 李穀의 『稼亭集』, 閔思平의 외손 金敬之와 문하생 李頤가 刻印한 閔思平의 『及庵詩集』, 林椿의 친구 李仁老가 刻印한 林椿의 『西河先生集』, 宋朱熹·呂祖謙이 공동 편집했고 葉采가 集解했으며 晉州牧使 李仁敏이 晉陽에서 刻印한 『近思錄集解』 등이 있었다. 그리고 崔沖의 『崔文憲遺稿』, 姜邯贊의 『求善集』, 金富軾의 『金文烈文集』, 林惟正의 『百家衣集』과 崔滋의 『補閑集』 등도 있다. 당시 서적의 간행은 대체로 관청과 寺刹刻印을 중심으로 이뤄졌으며 개인에 의한 각인은 드물게 이뤄졌다.

고려시대 서적의 간행은 그 주체에 따라 크게는 관청 刻印과 寺刹 刻印, 그리고 個人 刻印으로 나눌 수 있다. 이들은 서로 책을 간행하는 목적과 간행하는 책의 종류가 달랐다. 관청의 간행 목적과

간행물의 종류를 보면 당시의 국교인 불교를 선양하고 과거제도를
장려하기 위한 유교경전 및 기타 子史·諸家文集·醫學·占卜·地
理·律算 등과 같은 종류의 서적들이 대부분이었다. 사찰 刻印은 불
교를 홍보하는 것이 주된 목적이었기에 간행물들의 대부분은 불교와
관련이 있는 서적들이었다. 個人 刻印은 특정한 저서나 학파의 저서
를 소장하거나 전파하는 데 주된 목적이 있었기 때문에 대부분은 개
인의 시문집이거나 그와 관계되는 저서들이 주종을 이룬다.

역사기록이나 현존하고 있는 문헌 통계에 의하면17) 고려 중·후
기의 간행물이라고 알려진 서적들은 약 158종이나 되며, 그 중 官
刻本이 47종(『九經』은 9 종으로 계산), 寺刹 刻本이 93종, 私人 刻
本이 18종이나 된다.

관청 刻本 47종 가운데 유교 경전이 16종, 史部 서적이 10종, 子
部 서적 중 의학서적이 11종, 法家類 1종, 兵家類 1종, 佛敎類 1종,
그리고 集部 서적 7종이다. 寺刹 刻本 93종은 모두 불교 서적들이
다. 個人 刻本 18종 가운데서 儒家 서적 2종을 제외한 나머지 16종
은 모두 集部類의 서적들이다.

총 158 종 간행물 가운데 불교 서적이 94종으로 59.4%를 차지하
며 그 다음은 集部類 서적이 23종으로 14.6%를 차지한다. 여말선초
시기에 가장 많은 관심을 모았던 성리학 서적은 불과 3종밖에 되지
않아18) 전체 비율상 1.9%에 해당한다. 이런 고려 시기 간행물의 유

---

17) 金斗鍾, 『韓國古印刷文化史』, 삼성미술문화재단간행부, 1980, pp.66~74
참조.
金斗鍾, 『韓國古印刷技術史』, 탐구당, 1974, pp.93~120 참조.
18) 여기서 말하는 3종은 晉州牧이 刻印한『中庸朱子或問』, 尙州牧이 刻印
한 陳澔의 『禮記集說』, 晉州牧使李仁敏이 각인한 『近思錄集解』를 말
한다.

형적 특징에 대해 安春根 (1975)은 다음과 같이 언급했다.

간행물이 洪水같이 계속 나왔음은 물론이다. 그러나 당시의 간행물
의 내용은 하나같이 儒書가 아니며 佛書이었고, 특히 국가적으로 支
援한 佛敎의 布敎를 위한 간행물이 많았을 것은 疑心할 바 없다.[19]

安春根(1975)은 불교류 서적이 차지하는 비율이 특히 컸다고 강조
하고 있는 것이다. 그의 통계에 의하면 李盛儀가 『羅麗藝文志』에 열
거한 신라시대와 고려 시대 때부터 지금까지 전해 내려오고 있는 145
종의 한국인 저서 가운데 40 여 종을 제외한 나머지는 모두 불교와
관련이 있는 책이었다고 한다.[20] 불교 간행물이 주류를 이룬 당시
사회에서는 상대적으로 학자들의 관심분야인 언어문자학과 문학류
서적은 간행될 기회가 거의 적었다. 이런 상황에 대해 李穡은 그의
시에서 다음과 같이 개탄하고 있다.

우리나라에 많은 영웅 호걸이 나타났고 그들의 글 또한 기세가 드
높아 九空을 찌를 듯하므로 더없이 소중한 문화유산으로 후손들이 많
은 혜택을 누려야 할텐데 이 글들은 기러기가 진흙에 남긴 발자국처
럼 금방 사라진다. 유명 문인의 문집은 흙 속에 묻혀 있는 금과 옥과
같아 한번 얻기가 하늘의 별따기다.[21]

---

19) 安春根, 『韓國書誌學』 제4장, 「韓國의 典籍」, 경인문화사, 1975, p.159,
   p.155.
20) 安春根, 『韓國書誌學』 제4장, 「韓國의 典籍」, p.155.
21) 李穡, 『牧隱詩稿』권17, 「閔祗候安仁集諸家詩稿將續拙翁東文予喜之甚作
   短謌以助其成」, 『韓國文集叢刊』, 민족문화추진회, 1990, vol.4, p.207. "東
   方磊落多英雄 文章氣焰摩蒼穹 遺芳月賀 馥沾後人 爪留泥上如飛鴻 名
   家全集不易得 良金美玉沙石中"

이런 문제는 비단 이색의 생각만은 아니었던 듯싶다. 宋應箕도 「止
浦集序」에서 같은 문제를 다음과 같이 거론하고 있다.

> 고려시기 우리나라의 문학은 흥성하기는 하였지만 그 당시의 文集은
> 널리 알려진 것이 오히려 별로 없었다. 혹시 당시에 일부 文集은 인쇄
> 되있지만 진쟁으로 인해 유실되었기에 지금까지 전하지 못하였다."22)

이런 일련의 언급들로 종합해 보면 당시의 서적 출간 상황에서
불교류의 서적 이외에 기타 다른 종류의 서적이 차지하는 비중이 상
대적으로 적었다는 사실을 손쉽게 알 수 있다.

(2) 藏書 상황

고려 시대에는 도서 간행업이 번창함에 따라 왕실과 관청, 그리고
개인의 장서가 양적으로 늘어났다. 당시 왕실의 藏書處로는 修文
殿·集賢殿·康安殿·文德殿·延英殿·重光殿·淸燕閣·臨川閣·寶
文閣 등이 있었다. 게다가 國子監 등과 같은 중앙 관청과 각 지방
관청과 학교에서도 일정한 양의 도서를 소장하고 있었다. 이외에도
고려 왕실은 忠州 史庫에 적지 않은 서적을 보관하고 있었다. 고려
왕조의 장서는 송나라를 놀라게 할 정도로 풍부했던 것으로 보인다.
『高麗史』의 기록에 의하면 宣宗 8(1091)년 6월 李資義 등이 송나라
에서 돌아와서 송나라 황제가 고려에 좋은 책과 고전이 많다는 말을

---

22) 宋煥箕, 「止浦集序」, 金坵, 『止浦集』, 『韓國文集叢刊』, 민족문화추진회,
    1990, vol.2, p.323. "我東文章在麗朝不爲不盛 而凡其遺集布行於世者甚
    鮮 抑或始有裒梓而失於兵燹 終致其實蹟泯沒不傳也"

들고 館伴에게 명하여 구하고자 하는 서적목록을 적게 하고 권수가 모자라더라도 가져오라고 했다는 기사가 보인다. 이 도서 목록에는 여러 분야에 걸쳐 보기 드문 책 127종 5천여 권이 적혀 있었다.[23] 이 서적들이 중국에 도착한 후 秘書省에서 감정한 결과, 적지 않은 책들이 중국 황실에도 없는 異本이므로 송나라 황제는 부하들에게 校正을 거친 후, 사본으로 두 부씩 베껴 太淸樓와 天章閣에 각기 소장하라고 명하였다고 한다.[24] 仁宗 원년(1123) 고려에 온 송나라 사신 徐兢이 쓴 『宣和奉使高麗圖經』에서도 고려 왕실의 장서에 대해 상세히 기록하고 있다. 당시 고려왕실의 藏書樓인 淸燕閣에는 많은 經·史·子·集의 四部 서적이 소장되어 있었으며 또 다른 藏書樓인 臨川閣에도 수 만 권에 달하는 서적이 소장되어 있었다.[25]

그 후 仁宗 4(1126)년에 일어 난 李資謙의 亂으로 인하여 고려 왕실이 소장했던 서적 가운데 적지 않은 양이 불 타버리기도 했다. 하지만 고려는 부단히 도서를 인쇄 간행했을 뿐만 아니라 중국으로부터 서적을 수입해왔다. 『高麗史』 忠肅王 元(1314)年 6월 條에 博士 柳衍과 學諭 兪迪 등이 중국 江南에서 1만 8천 권의 서적을 사 왔다고 기록을 통해서[26] 이같은 사실을 짐작할 수 있다.

仁宗 4(1126)년 7월에는 고려 洪淪의 주청으로 원나라 황제는 또 송나라 황실에서 소장했던 서적 4천 3백 71책, 도합 1만 7천 권을

---

23) 『高麗史·世家』권10, 宣宗 辛未 8年 6月 丙午條 참조.
   『高麗史節要』권6, 宣宗 大王 辛未 8年 6月條 참조.
24) 王應麟, 『玉海』권52, 藝文書目景德太淸樓四部書目嘉佑補寫太淸樓書條, "元祐七年五月十九日 秘書省言 高麗獻書多異本 館閣所無 詔校正兩本 副寫 藏太淸樓 天章閣"
25) 徐兢, 『宣和奉使高麗圖經』권6, 宮殿2.
26) 『高麗史·世家』권34, 忠肅王 元年 6月 庚申條, "初 成均提擧司遣博士 柳衍 學諭兪迪於江南購書籍 未達而船敗 衍等赤身登岸 判典校寺事洪淪 以太子府參事在南京 遺衍寶鈔一百五十錠 使購得經籍一萬八百卷而還"

忠肅王에게 보냈다.27) 1년 동안에 도서 3만 권이 증가된 것으로 보아 당시의 藏書 활동이 얼마나 활발했는가를 알 수 있다.

비록 고려 말기부터 조선조 太宗이 즉위할 때까지의 시기는 왕권 쟁탈로 정쟁이 치열했지만 이런 藏書 활동에는 큰 변화가 없었다. 이와 같은 사실은 李圭景의 『五州衍文長箋散稿』를 통해서도 확인할 수 있다. 여기서 이규경은 한국 역사상 열 차례의 '書厄'28), 즉 藏書의 중대한 손실에 대해 열거하면서 바로 이 시기를 포함시키지 않았기 때문이다. 고려 왕실의 장서는 대부분 조선 왕실로 계승되어 조선 태종 연간까지 줄곧 寶文閣에 소장되었다.29) 고려 왕실이 忠州史庫에 저장한 서적도 거의 모두 보존하다가 太宗12년에 중앙으로 이송하여 春秋館에 소장하였다.30)

태종 12년 8월 史官 金尙直이 忠州 史庫의 서적을 중앙에 바친 일이 있었다. 『太宗實錄』에 이 때 올린 책 목록에 대한 기록이 보인다. 이를 근거로 하여 볼 때, 忠州 史庫에는 『小兒巢氏病源侯論』·『大宋廣益玉編』·『鬼穀子』·『五臟六腑圖』·『新雕保童秘要』·『廣濟方』·『陳

---

27) 『高麗史·世家』권34, 忠肅王 元年 7月 甲寅條, "帝賜王書籍四千三百七十一冊 共計一萬七千卷 皆宋秘閣所藏 因洪瀹之奏也"

28) 李圭景, 『五洲衍文長箋散稿』권5, 「大東書厄辨證說」, 東國文化社, 1959, vol.1, p.129.

29) 梁桂鳳, 「太宗 世宗年間 寶文閣藏書 利用에 대한 硏究」, 『書誌學硏究』 제10집(斗筆鄭亨愚敎授定年紀念論文集), 書志學會, 1994.

30) 『太宗實錄』, 12年 8月 巳未條, "命史官金宗直取忠州史庫書冊以進 『小兒巢氏病源侯論』·『大宋廣益玉編』·『鬼穀子』·『五臟六腑圖』·『新雕保童秘要』·『廣濟方』·『陳郎中藥名詩』·『神農本草圖』·『本草要括』·『五音指掌圖』·『廣韻』·『經典釋文』·『國語』·『爾雅』·『白虎通』·『劉向說苑』·『山海經』·『王叔和脈訣口義辯誤』·『前定錄』·『黃帝素問』·『武成王廟讚』·『兵要』·『前後漢著名論』·『桂苑筆耕』·『前漢書』·『後漢書』·『文粹』·『文選』·『高麗歷代事蹟』·『新唐書』·『神秘集』·『冊府元龜』等書冊也 且命曰 『神秘集』毋得批閱 而別封以進 上覽其集 曰 此書所載皆怪誕不經之說 命代言柳思訥焚之 其餘下春秋館藏之"

郎中藥名詩』·『神農本草圖』·『本草要括』·『五音指掌圖』·『廣韻』·『經典釋文』·『國語』·『爾雅』·『白虎通』·『劉向說苑』·『山海經』·『王叔和脈訣口義辯誤』·『前定錄』·『黃帝素問』·『武成王廟讚』·『兵要』·『前後漢著名論』·『桂苑筆耕』·『前漢書』·『後漢書』·『文粹』·『文選』·『高麗歷代事蹟』·『新唐書』·『神秘集』·『冊府元龜』 등 모두 32종의 책들이 소장되어 있었다.31)

그 중 유교 경전이 5부, 子部 서적류가 17부, 史部서적이 7부, 集部 서적이 3부이다. 53%로 가장 큰 비중을 차지하고 있는 子部서적 가운데 의학류 서적은 9부가 전해진다. 주목되는 점은 송나라 때의 책은 거의 없고 대부분 당나라 이전의 책들이었다는 사실이다.

충주사고의 장서 상황을 볼 때, 다른 서적류에 비해 異書와 성리학 관련 서적이 상대적으로 적었다. 그 이유는 당시에 간행된 성리학 분야의 서적은 매우 적었기 때문에 성리학 서적의 수집 중국에 의지해야만 했기 때문인 것으로 보인다. 비록 鄭夢周에 의해 성리학이 급속히 발전하여 서적에 대한 지식인들의 관심이 시문집에서 성리학서로 옮겨갔지만 이에 비해 성리학 서적의 보급은 다소 더딘 편이었다고 할 수 있다. 신라와 고려 시대의 학자들이 중요시한 서적은 언어 문자학과 문학관련 책이었으나 고려 말기에 이르러 程朱學관련 저작이 조금씩 들어오기 시작했던 것이다.32)

『圃隱先生本傳』에 의하면 당시 (고려 恭愍王16년) 우리나라에 전해 진 유가경전은 『朱子集注』한 부밖에 없었다고33) 한다. 여기에서

---

31) 『太宗實錄』12年 8月 已未條 참조.
32) 「月川家藏先生手筆」, 尹祥, 『別洞先生集』권3, 「附錄·聞見錄」, "然二代之儒 其歸重終在於言語文章之間 逮于麗末 程朱之書稍稍東來"
33) 「圃隱先生本傳」, 鄭夢周, 『圃隱先生集』附錄에서 인용, 『韓國文集叢刊』, 민족문화추진회, 1990, vol.5, p.625. "時經書至東方者 唯『朱子集註』耳"

말하는 경서는 성리학의 관점에서 주해한 유가경전, 즉 다시 말해 성리학 서적이며 성리학이 나타나기 전의 전통적인 유가이론서나 유가경전을 의미하는 것은 아니다. 소위 말하는『朱子集注』는『四書集注』를 가리키는 것으로 朱子는 성리학의 관점에서 출발하여 전통 유가경전에서 가장 기초가 된다고 생각하는『論語』·『孟子』, 그리고 『禮記』가운데 한 부분인「大學」과「中庸」을 각각 뽑아 註解한 것이다. 이 사서는 恭愍王 16년에 이르러서야 비로소 고려에 전해되었다. 고려시대의 장서상황을 볼 때, 많은 종류의 서적들이 소장되어있었지만 성리학 관련 서적은 상대적으로 적었던 것이다.

(3) 서적 유통의 부족과 그 원인

李圭景이 우리나라는 자고로 서적을 귀하게 여길 줄 몰랐기에 서적을 매매하는 坊肆가 없다[34]고 말한 바와 같이, 조선 초기에는 서적의 유통 자체가 쉽지 않은 상황이었다. 책을 거래할 수 있는 坊肆가 없음으로 인해 정상적인 서적의 유통이 불가능했기 때문이었다. 따라서 서적의 품귀현상을 부채질하는 결과를 초래하기도 했다. 이런 서적유통 장소의 결핍은 서적의 재유통에도 영향을 끼쳤음은 물론이다. 한 부의 새책을 어느 한 사람이 읽은 후 다시 읽지 않거나 아니면 그 사람이 죽은 후 자손들이 처분하고자 할 때에도 마찬가지의 상황이 초래되었다. 심지어는 藏書家의 후손들은 조상으로부터 물려받은 서적을 깊숙한 곳에 놓아 부패되도록 내버려두기까지 했

---

34) 李圭景,『五洲衍文長箋散稿』권5,「書籍坊肆辨證說」, 東國文化社, 1959, p.142. "東俗從古不貴書籍 故無書籍坊肆"

다. 이런 현상은 당시 사회에서 흔히 볼 수 있는 것이었다.[35)]

당시의 이런 서적 유통상의 문제는 독서대중의 구성상에 있어서의 문제와 서적의 유통 장소인 서사의 부족으로 인한 문제, 그리고 서적의 재료가 되는 종이의 부족으로 인한 문제 등으로 나눠 살필 수 있다.

가. 독자의 구성과 비중

張志淵이 우리 조선 사람들 중에 한자를 아는 사람이 많지 않아 책을 아끼는 사람이 아주 적었다[36)] 고 말한 바 있듯이, 서적 매매 유통 장소 부족의 원인은 우선 독서인구가 제한되어 있었다는 점에서 찾을 수 있다. 당시에 글을 쓰고 독서할 수 있는 능력을 갖춘 지식인이 전체 인구에서 차지하는 비율은 아주 낮아 대부분 사람들은 거의 읽지 못하는 실정이었다. 때문에 成俔은 『慵齋叢話』에서 다음과 같은 말을 하기도 했다.

> 우리나라 사람이 글을 읽을 때에는 음(音)으로 포석(布釋)하는 구결(口訣)이 있어서 사람들이 쉽게 배울 수 없다.[37)]

그리하여 학자들이 쓴 책은 지식인들 사이에서만 유통되었을 뿐 한자를 모르는 많은 백성들에게는 영향을 줄 수 없었다. 이규보도 자고로 우리나라의 많은 문인들이 훌륭한 글을 써서 세상에 이름을 떨

---

35) 張志淵, 『韋庵文稿』, 『韓國史料叢書』, 국사편찬위원회. p.288. "我朝鮮之人 其識字者無多 愛書者甚少 購讀新書尙勿論 家藏書籍束之高閣 任他黴敗而終不一推者 殆種種焉"
36) 張志淵, 『韋庵文稿』, p.288.
37) 成俔, 『慵齋叢話』권9, "我國與中朝不類 我人讀書有音布釋口訣 故人未易學 中朝所言皆文字 無音釋口訣 故其學易就"

쳤지만 백성들에게까지 잘 알려진 문인은 아주 적었다[38]고 말한 것은 이와 같은 의미라고 할 수 있다. 이런 사실을 통해서 알 수 있듯이 문인들의 명성과 그 영향은 오로지 지식층으로만 국한되었을 뿐, 글을 모르는 수많은 백성들은 문인들의 작품을 읽을 수도 없었던 것이다. 이런 사정은 중국과 뚜렷한 대조를 이룬다. 예를 들면 중국의 유명한 시인 白居易의 시는 창작되어 나오자마자 刻印되어 거리에서 팔리거나 찻값, 술값으로 대용되었다.[39] 말과 문자가 통일되었기 때문에 일반인들도 쉽게 배우고 사용할 수 있었기 때문이다.

　여기서 주목해야 할 점은 당시 지식인들은 서적에 대해 지대한 관심을 보인 반면에 대다수의 일반 백성들은 이런 도서 문화와 거리가 멀어 다량의 서적이 유통될 수 없는 근본적인 원인이 되었다는 사실이다. 그러나 불교서적은 지식인은 물론 쉽게 읽고 이해할 수 있었을 것이며, 백성과 간행자들도 그 종교적 힘을 더 중요시하였을 것이기에, 설령 불교경전의 내용을 이해하지 못하더라도, 굳건한 종교 신앙에 힘입어 발음대로 경전을 읽는 데 열중하였을 것이다. 그래서 불교 경전의 서적은 수요량이 많았으며 대량으로 刻印할 수 있었다.

　나. 市肆의 부족

　조선 시대에 서적의 유통 장소가 적었던 원인으로는 독서인구가 적었던 것 이외에도 당시 상품경제가 발달하지 못해 상품교환 장소로서의 市肆가 없었던 것에서도 찾을 수 있다. 당시에는 경성에만 소수의 시장이 있었을 뿐 지방의 道・州・郡에서는 시장을 거의 찾

---

38) 李奎報, 『東國李相國全集』권21, 「忌名說」, 『韓國文集叢刊』, 민족문화추진회, 1990, vol.3, p.507. "三韓自古以文鳴於世者多矣　鮮有牛童走卒之及知其名者"
39) 元稹, 「長慶集序」, "繕寫模勒　衒賣於市井　或持之以交酒茗　處處皆見"

아 볼 수 없었다. 이러한 상황은 조선조 세종 때까지 지속되었다. 당시의 大臣이었던 申商은 이에 대해 다음과 같이 말했다.

"신이 일찍이 중국에 들어가서 풍윤(豊閏)·옥전(玉田) 두 고을을 둘러보니, 비록 작은 고을이나 모두 시사(市肆)가 있어, 사방의 인민들이 숲처럼 모여서 가진 물건으로 없는 물건을 바꾸니, 행려인(行旅人)으로 길이 막혀서 다니기가 어려웠습니다. 이로써 본다면 중국은 비록 작은 고을일지라도 모두 시장이 있는데, 지금 우리나라에서는 서울에서만 시장이 있고 각도의 고을에는 모두 시장이 없다."고 하였다.40)

기본적인 생활을 위한 시장도 없는데 책시장이 형성될 리 없었던 것이다. 나아가서 서적의 유통을 위해 가장 기본적인 교환 장소인 書肆도 없는데 서적이 원활히 유통될 수 없었다.

다. 册紙의 부족

조선 시대에는 종이가 희귀하여 그 가격도 아주 비쌌다. 당시 관청에서 사용하는 업무용 종이의 모든 비용은 직접 민간에서 징수하였다. 예를 들면 당시 관청에서 민간소송을 심사 처리할 때 사용되는 종이, 붓의 비용은 규정에 따라 소송에서 이긴 측이 부담했는데 그것을 '作紙'라고 하였다.41) 조선 世宗 16(1434)년에는 어떤 사람이

---

40) 『世宗莊憲大王實錄』권59, 十五年 癸丑 正月 壬申條, 『朝鮮王朝實錄』, 국사편찬위원회, 1955, vol.3, p.439. "臣嘗入中國 歷觀豊潤 玉田兩縣 雖是小邑 皆有市肆 四境人民聚之如林 以其所有 易其所無 行旅之人 路塞難行 以此觀之 中國雖小縣皆有市也 今我國京都有市 各道 州 郡 皆無市"

41) 『世宗莊憲大王實錄』 제63권, 十六年 甲寅 二月 甲戌條 小注, 『朝鮮王朝實錄』, 국사편찬위원회, 1955, vol.3, p.545. "凡官府決訟 所費紙筆之 價 收于得勝者 謂之作紙"

司憲部에 가서 서울관청을 고소한 사건이 벌어졌다. 그 이유는 그 사람이 소송에서 이겨 다른 사람에게 점유 당한 '雜物'을 되찾았지만 서울관청에서 규정대로 납부하라고 한 '作紙' 가격은 되찾은 '雜物'가격과 같았기 때문이다.[42] 이 사례는 당시 종이 값이 얼마나 비쌌는지 짐작할 수 있게 한다.

또 徐居正은 『筆苑雜記』에서 조선조 초기의 대신 權軫의 아들이 서예 연습을 하는데 종이가 많이 필요했으므로 權軫의 부인은 걱정이 되어 權軫에게 "종이 값이 이렇게 비싸 앞으로 계속 종이를 살 수 없을 것 같소"라고 했다 한다.[43] 당시 대신의 집에서도 종이가 이렇게 부족한데 일반 백성들의 집에는 더 말할 나위도 없었을 것이다.

심지어 나라에서 책을 간행하려해도 책지가 큰 문제로 대두되곤 했다. 世宗 5(1423)년에 世宗이 주자소에 명하여 『資治通鑑綱目續編』을 인쇄하라고 하였는데 그때 나라에 비축한 종이가 없어 慶尙과 全羅 두 도에 명하여 나라의 양식으로 제지 원료를 바꾸어 종이를 만들어 경성으로 운송하게 하였다는 기록도 보인다.[44]

世宗 16년에 甲寅大字가 주조된 후에 鑄字와 書板문제는 해결되었지만 종이 부족 문제는 여전히 해결되지 못했다. 당시 世宗은 이

---

42) 『世宗莊憲大王實錄』 제63권, 十六年 甲寅 二月 甲戌條, 『朝鮮王朝實錄』, 국사편찬위원회, 1955, vol.3, p.545. "命安崇善往議政府議事 (中略) 其五曰 司憲掌令曹沅啓 有人訴本府曰 漢城府征還雜物 督納作紙 其直同於征還之數"

43) 徐居正, 『筆苑雜記』권2, 『國譯大東野乘』권3, 민족문화추진회, 1971, vol.1, p.327. "權文景公軫有兒子學書費紙 夫人曰 紙價甚高 恐不能繼 文景曰 惡是何言 有不肖子弟青樓沽酒 日費萬錢 或耽于博奕遊畋狗馬花卉 破壞家業者甚多 學書之紙 其費幾何 卿毋多談"

44) 『世宗莊憲大王實錄』 제19권, 五年 癸卯 二月 丙辰條, 『朝鮮王朝實錄』, 국사편찬위원회, 1955, vol.2, p.524. "下旨于戶曹 予欲令鑄字所印『綱目續編』 其令慶尙道冊紙一千五百卷 全羅道二千五百卷 以國庫米換民間楮造作上進"

활자로 『資治通鑑』을 인쇄하려고 하였는데 제일 먼저 고려한 문제는 인쇄에 필요한 종이를 어떻게 해결하는가 하는 것이었다. 그는 종이와 먹을 준비하는 대책을 承政院에 맡겨 처리하게 하였는데 承政院에서는 이 문제를 해결하기 위하여 중앙제지기관인 製紙所와 慶尙·全羅·忠淸·江原 4 도의 힘을 빌리고 많은 스님들을 동원하였다.[45]

　이와 같이 조선시대에 종이가 희귀하고 가격이 엄청나게 비싼 것은 종이를 만드는데 필요한 원료가 부족하기 때문이었다. 종이 원가를 낮추기 위해 世宗 초기부터 시작하여 여러 가지 재료를 써서 종이를 만드는 실험을 하였다. 世宗 6(1424)년에 製紙所에서는 대나무, 솔잎, 쑥대, 창포대로 종이를 만들어 주자소에 보냈다는 기록이 보인다.[46] 4개월 후에 製紙所에서는 대량의 창포대 종이와 소량의 솔잎 종이를 만들어 주자소에 보냈다고도 한다.[47] 이것은 아마 이 두 가지 종이를 실제로 사용해 본 결과, 그 효과가 비교적 좋았기 때문일 것으로 보인다. 하지만 이 두 가지 종이는 실용성이 없었던지 그 후의 어떤 기록에도 관련 내용은 보이지 않는다.

　世宗 16년에 『자치통감』을 인쇄하기 위해 각 지방정부로 하여금

---

45) 『世宗莊憲大王實錄』 제65권, 十六年 甲寅 七月 辛卯條, 『朝鮮王朝實錄』, 국사편찬위원회, 1955, vol.2, p.638. "上曰 今鑄大字 爲寶重矣 予欲印『資治通鑑』頒諸中外 使老人易於觀覽 若備紙三十萬卷則可印五六百件矣 其紙墨備辦之策 承政院佈置"
　　同上 壬辰條, "命造印『資治通鑑』紙五萬卷於造紙所 十萬五千卷于慶尙道 七萬八千卷于全羅道 三萬三千五百卷於忠淸道 三萬三千五百卷于江原道 共三十萬卷 仍傳旨 楮以國庫米換易 役境內僧人 給予衣糧"

46) 『世宗莊憲大王實錄』 제25권, 六年 甲辰 八月 癸卯條, 『朝鮮王朝實錄』, 국사편찬위원회, 1955, vol.2, p.616. "紙造所進以竹葉 松葉 蒿節 蒲節 四色冊紙 共四百六貼 下鑄字所"

47) 『世宗莊憲大王實錄』 제26권, 六年 甲辰 十二月 乙未條, 『朝鮮王朝實錄』, 국사편찬위원회, 1955, vol.2, p.616. "紙造所進新造蒿節紙二百八貼 松葉紙二十二貼 命下鑄字所"

종이를 만들게 하였는데 世宗은 구하기 쉬운 쑥대, 대나무 껍질, 껍질 벗긴 삼 등과 닥나무를 5 대 1의 비례로 섞어 종이를 만들게 하였다. 이렇게 만든 종이는 질이 비교적 좋을 뿐만 아니라 인쇄용으로도 적합하며 귀한 닥나무도 많이 들지 않았다 한다.[48]

이 제지 방법은 반복적으로 실험을 거듭해 종이의 질을 보증하고 닥나무를 최대한 아끼며 제지 원가를 절감하여 종이 가격이 높은 문제를 해결하는 최선의 방안이었던 것이다.

3) 서적 수급의 상황

여말선초에는 학풍전환의 영향으로 말미암아 지식인의 독서경향에 새로운 변화를 가져왔으며 독서 범위도 넓어졌다는 사실은 앞서 이미 논의한 바 있다. 이전에 학자들이 주로 읽은 서적은 불경, 시문과 전통 유가경전이었지만 이 시기에 와서는 성리학 분야로 확대되었다. 동시에 이전에 학자들이 무관심했던 歷史·百子·天文·地理·醫藥·占卜 등 분야의 서적들도 읽히게 되었다. 이러한 독서 경향의 변화와 독서 범위의 확대는 서적수요를 다양화시켰다. 당시 서적에 대한 수요는 중국 송나라 이후의 성리학 서적과 보기 드문 서적에 대한 것이 대분이었다. 다시 말하면 시간적으로는 새로운 것을, 종류

---

48) 『世宗莊憲大王實錄』 제65권, 十六年 甲寅 七月 壬辰條, "如蒿節 麩麥節 竹皮 麻骨等物 因其易備 每五分交楮一分造之 非惟紙力稍强 合于印冊 用楮亦不多矣"

는 더 다양 한 것을 요구하였던 것이다.

당시 서적의 간행과 소장, 그리고 유통은 이런 수요의 새로운 변화에 적응하지 못했다. 당시 간행된 서적과 소장된 서적은 여전히 불교서적과 유교의 전통경전이 주류를 이루었다. 불교서적 외에 아주 적은 비율을 차지하는 世俗 서적중의 대부분은 그 저술시기를 보면 중국의 당나라 이전의 서적들이었다. 단적으로 말해 여말선초에 사람들의 서적에 대한 새로운 요구경향과 서적간행·소장·유통상의 발전은 심각하게 괴리되어 있었던 것이다.

또한 서적유통경로도 지나치게 결핍되어 있어 서적의 공급과 수요간의 모순을 더욱 심화시켰다. 여말선초 특히 조선 초에는 신흥지식인층이 점차 정치와 문화 무대에 등장하게 되면서 정치 문화의 주체를 이루었다. 신흥지식층의 대부분은 귀족이 아니었기에 귀족들처럼 가정이나 가족의 장서를 이용할 수 없었다. 그들은 오직 개인적인 노력에 의존해 각종 유통경로를 이용하여 원하는 책을 얻어야만 했다. 서적유통경로의 결핍은 학술 서적과 독자 간에 한 방향으로만 유통 되도록 하였다. 이런 상황은 독자가 서적을 입수하는데 있어 적잖은 어려움을 겪게 했고, 설령 당시 독자가 원하는 서적이 적게나마 있다하더라도 그 서적이 진정으로 필요한 사람의 손에 들어가는 경우는 극히 드물었다.

이런 상황을 두고 太宗은 늘 우리나라에는 서적이 적다[49]고 염려하면서 그것은 중국에서 서적을 너무 적게 들여왔기 때문[50]이라고

---

49) 『太宗實錄』5권, 三年 癸未 二月 庚申條, "新置鑄字所 上慮本國書籍鮮少 儒生不能博觀 命置所"

50) 權近, 『陽村集』22권, 「跋語類·鑄字跋」, "永樂元年春二月 殿下謂左右曰 凡欲爲治 必須博觀典籍 然後可以窮理正心 而致修濟治平之效也 吾東方在海外 中國之書罕至 板刻之本易以剜缺 且難盡刊天下之書也 予

했다. 鄭道傳도 우리 동방에 서적이 너무 적어서 학자들은 모두 책
을 널리 읽지 못하는 것을 한으로 여긴다[51]고 하였다. 卞季良의 경
우도 우리 동방에는 학술 서적이 적어 학자들은 책을 마음껏 읽지
못해 괴로워하고 있다[52]고 하였다. 이와 같이 여말선초에는 서적의
간행이 발달함과 동시에 서적의 소장이 증가하기는 했지만 실재적으
로는 수요자들에게 있어 서적은 수요에 비해 공급이 부족하다는 느
낌을 지울 수 없었다.

2. 주자소 설립 이전의 주자 기술 상황

鑄字라는 것은 금속(주로 銅임)으로 주조한 활자를 가리키는 것으
로 고대의 금속활자인쇄술을 일컫던 말이다. 이 절에서는 주자소를
설립하기 이전에 나타난 주자인쇄 활동들에 대해 간략히 서술하고
나아가 조선시대의 주자인쇄술에 대한 인식의 발전과정을 종합적으
로 살펴보고자 한다.

欲範銅爲字 隨所得書 必就而印之 以廣其傳 誠爲無窮之利"

51) 鄭道傳, 『三峰集』1권, 「置書籍鋪詩幷序」, 『韓國文集叢刊』, 민족문화추
   진회, 1990, vol.5, p.296. "吾東方書籍罕少 學者皆以讀書不廣爲恨 予
   亦病此久矣 切欲置書籍鋪鑄字 凡經史 子書 諸家詩文 以至醫方 兵律
   無不印出 俾有志于學者皆得讀書 以免失時之歎"
52) 卞季良, 『春亭先生文集』권12, 「四書五經性理大全跋」.

1) 주자 인쇄 활동

(1) 고려 ‘復’字

‘한국의 주자인쇄술은 언제 출현하였는가’ 하는 문제는 고증해 밝히기에 어려운 문제가 아닐 수 없다. 현재 청주국립박물관에는 활자 ‘復’가 소장되어 있는데 20세기 20년대에 개성부근의 개인 무덤에서 출토되었다고 한다. 분석결과 銅(Cu)을 주요 재료로 한, 합금으로 만들어진 것으로 알려졌으며 이는 고려 숙종 7년(1102)에 주조된 동전인 ‘海東通寶’와 그 구성성분이 같다.

활자 ‘復’의 형태는 불규칙적인 납작한 네모형이며 네 변의 길이는 0.9－1.1센티미터이고 높이는 0.6－0.7센티미터이다. ‘復’활자의 뒷면은 오목렌즈형으로 圓弧形을 이루고 있다. 여러 면의 종합분석 결과를 놓고 볼 때, 이 활자는 고려시기동활자라고 확정지을 수 있다. 하지만 유감스럽게도 활자출토과정에 대한 보고서가 없으므로 확실한 연대는 판정하기 어렵다. 이 활자의 제조자가 민간인인가 정부인가, 활자 윗면에 전혀 알려지지도 않아 의미도 모를 이상한 글자가 찍혀져 있는가 하는 문제에 대해서는 지속적인 연구가 필요하다.

(2) 13세기 강화도에서의 주자 인쇄 활동

13세기 전반기에 이르러 문헌에 활자를 이용하여 책을 인쇄했다는 기록이 보인다. 주자인쇄술에 대한 최초의 관련 기록은 이규보의

『東國李相國集』에 있는 「新印詳定禮文跋尾」라고 할 수 있다. 이 발문은 李奎報가 당시의 晉陽公 崔怡를 대신해 쓴 것이다.

　　고려 인종(1127-1146) 때 平章事 崔允儀 등 17명이 왕명을 받들어 古今儀禮의 同異한 것을 모아 참작 절충하여 50권의 책을 편찬하고 그 책을『詳定禮文』이라고 했다. 오랜 歲月이 흘러 脫簡되고 글자가 결됨에 崔怡의 선친인 崔忠獻이 補緝케 하여 二部를 成書하고, 禮官과 자기집에 각각 一部씩 備藏해 둔 바 있고 그가 예상했던 것이 너무 깊었다. 과연 遷都할 때 禮官이 황급한 나머지 미처 가지고 오지 못하여 그 책이 거의 없어졌는데 집에 다행히도 소장해 두었던 一部만이 남게 되었다. 이 때문에 선친인 崔忠獻의 깊은 예상에 대해 더욱 이해할 수 있고 그 책의 不失을 다행히 여기고 마침내 鑄字로 28部를 印成하여 여러 官司에 나누어 간직케 하였다고 그간의 사정을 소상히 전해준다.[53]

"遷都할 때"란 말은 고려왕조가 몽고 병의 松都 침입으로 江華島로 수도를 옮겼을 때를 가리킨다. 이 사건은 高宗19년(1232)에 발생되었으며 崔怡는 高宗21년(1234)에 晉陽公으로 책봉되었다. 李奎報는 高宗28년 (1241)에 江華島에서 생을 마감했다. 학계에서는 이 발문 마지막에 표기되어 있는 "晉陽公 崔怡를 대신해 쓰다"[54]라는 문구를 근거로 하여 崔怡가 주자인쇄술로 「新印詳定禮文」을 발행한

---

53) 李奎報, 『東國李相國後集』11권, 「新印詳定禮文跋尾, 代晉陽公行」, "至仁廟朝 始敕平章事崔允儀等十七臣 集古今同異 商酌折衷 成書五十卷 命之曰詳定禮文 流行於世 然後禮有所歸而人不惑矣 是書跨歷年ㅈ異 簡脫字缺 難於考審 予先公乃令補緝 遂成二本 一付禮官 一藏於家 其志遠也 果於遷都之際 禮官遑遽未得賚來 則幾若已廢 而有家藏一本得存焉 予然後益諳先志 且幸其不失 遂用鑄字印成二十八本 分付諸司藏之 凡有司者謹傳之勿替 毋負予用志之痛勤也"
54) 上揭書, "代晉陽公行"

가장 이른 시기를 崔怡가 晉陽公으로 책봉되던 해, 즉 高宗21년 (1234)으로 추정하고 있다. 그러나 이 발문을 李奎報가 崔怡를 대신 하여 썼다고 해도 崔怡의 이름으로 발표된 이상, 李奎報가 이 발문 을 崔怡에게 건네주어 崔怡가 이 발문을 『新印詳定禮文』이란 책 끝 부분에 넣을 때 구태여 畫蛇添足처럼 "晉陽公 崔怡를 대신해 쓰다" 라는 글을 밝힐 필요가 있었을까 하는 의문점을 남긴다. 정황으로 미루어 보면, "晉陽公 崔怡를 대신해 쓰다"라는 몇 글자는 李奎報 가 이 글을 썼을 때 남긴 것이 아니라 후에 李奎報가 자신의 글들 을 정리하거나 아니면 후세 사람들이 李奎報의 글을 편집, 간행할 때 첨가한 것으로 생각된다. 그러므로 이 발문은 崔怡가 주자인쇄술 을 이용하여 『新印詳定禮文』을 발행한 제일 이른 시기를 추정하는 근거로 삼을 수 없다. 사실 이 발문을 곰곰이 살펴보면 "禮官이 황 급한 나머지 미처 가지고 오지 못하여"에서 "여러 官司에 나누어 간 직케 하였다고 그간의 사정을 소상히 전해 준다"까지는 '遷都할 때' 와 시대를 같이 한다는 것을 알 수 있다. 그리고 고대인들은 예법을 매우 중요시하였는바 李奎報도 발문의 첫 구절에서 제왕이 집정에 있어서 예법보다 중요한 것은 없다[55]고 하고 있다. 만약 高宗 19년 에 수도를 江華島로 옮긴 후부터 高宗 21년까지를 崔怡가 주자인쇄 술을 이용하여 『新印詳定禮文』을 인출한 시기로 추정한다면 이 2년 동안 『詳定禮文』에 의거할 수 없으므로 고려왕조는 집정의 수요에 의해 임시 조문들을 제정하였을 것이며, 이로 인해 『詳定禮文』은 폐 지되었을 것이다. 그러나 발문에서는 '거의 없어졌다'란 말을 하고 있다. 그러므로 崔怡가 주자인쇄술을 이용해 『新印詳定禮文』을 발 행한 시기는 고려왕조가 江華島로 수도를 옮긴지 얼마 안 되는 高

---

55) 上揭書, "夫帝王之政, 莫究于制祀"

宗 19년이라고 해야 마땅할 것이다.

아직까지 부분 판본을 갖고 있는 『南明泉和尙頌證道歌』뒤에 崔怡의 발문이 첨부되어 있는데 그 발문내용은 다음과 같다.

> 『南明證道歌』는 禪學의 주요 전적이다. 선학을 공부하는 사람들은 이 책에서 선학의 오묘함을 맛보게 된다. 그러니 이리한 책을 감히 방치해 두어서야 되겠는가? 이런 연유에서 나는 공예가들을 모집하여 원래의 주자본을 목판으로 조각하게 하여 세상에 널리 전해지게 하고자 하노라. 己亥 년 9월 상순 中書令 晉陽公 崔怡 서.[56]

崔怡가 晉陽公으로 책봉된 해는 高宗21년(1234)이므로 여기서 말하는 '己亥'는 高宗 26(1239)년이다. 이 해는 崔怡가 기술공들을 모집하여 주자로 배열한 『南明泉和尙頌證道歌』를 새로 影版한 때이다. 또한 이 시기는 『新印詳定禮文』의 인쇄시기와 거의 동일하거나 조금 늦은 때이기도 하다. 주자로 『南明泉和尙頌證道歌』를 인쇄한 시기는 高宗 26년, 즉 1239년보다 이른 시기라고 할 수 있다. 목판으로 주자판을 복각하는 시기는 원본인 주자본과는 상당한 시간간격이 있어야 하기 때문에 이로 미루어 짐작해 고려조가 수도를 옮기기 전이라고 추정하고 있다.

필자는 주자본『南明泉和尙頌證道歌』의 인쇄시간을 高宗 19년에 고려왕조가 강화도로 수도를 옮긴 이후라고 생각한다. 그 이유를 들어보면 다음과 같다.

첫째, 고대에 목판으로 주자판을 복각하는 것과 주자판을 새로 배

---

56) "夫『南明證道歌』者 實禪門之樞要也 故後學參禪之流莫不由斯而入 升堂睹奧矣 然則其可閉塞而不傳通乎 於是募工重雕鑄字本以壽其傳焉 時已亥九月上旬 中書令晉陽公崔怡謹志"

열하여 인쇄하는 데는 긴 시간적 간격이 있어야 한다는 말은 일리가 없기 때문이다. 高麗禑王 3년(1377)에 白雲和尙의 문도들이 清州興德寺에서 주자를 배열하여 『白雲和尙抄錄佛祖直指心體要節』란 책을 인쇄하였는데 그 후 1년도 되지 않아 川寧鷲嵓寺 에서 다시 彫版 인쇄하였다는 기록이 이런 사실을 증명한다.

둘째, 崔怡의 발문의 속뜻을 꼼꼼히 분석해 보면 그 책의 주자인쇄는 얼마 전에 이루어졌다는 것을 추정할 수 있다. 崔怡는 발문을 보면 "원래의 주자본을 목판으로 조각하게 하여 세상에 널리 전해지게 하고자 하노라"는 말 외에는 이 주자본에 대해 아무런 설명도 하지 않고 있는데, 이는 이 주자본의 상황 예를 들어 인쇄발행인, 인쇄 발행지, 인쇄발행시간 등에 대해 당시 사람들이 숙지하고 있다는 것을 말해주고 있는 것으로 판단된다. 즉, 최근 가까운 곳에서 유통한 일이라는 것을 의미한다. 한편 崔怡가 그때 당시 『新印詳定禮文』을 주자로 인쇄했다는 사실과 관련지어 생각해 볼 때, 이 주자본의 인쇄발행을 주도한 사람은 崔怡 자신이었을 가능성이 크다.

요컨대 주자로 『新印詳定禮文』을 인쇄한 것과 주자로 『南明泉和尙頌證道歌』을 인쇄한 것, 목판으로 주자판을 복각하여 『南明泉和尙頌證道歌』를 인쇄한 것은 대체적으로 동일한 시기에 동일한 지역에서 완성되었다고 할 수 있다.

(3) 清州 興德寺의 주자인쇄

프랑스국립도서관에 『白雲和尙抄錄佛祖直指心體要節』卷下 1책이 소장되어 있는데 그 권말에 다음과 같은 刊記가 수록되어 있다.

　　宣光 7년 丁巳 7月 日에 청주성 밖에 있는 興德寺에 주자로 인쇄
하여 施하다.[57]

　　宣光 7년 즉 고려 禑王 3(1377)년에 주자를 이용해 책을 인쇄했
다는 것을 분명하게 밝히고 있다. 이는 주자를 이용해 책을 인쇄했
다는 깃을 명확히 밝히고 있는 현존 最初의 서서이다. 주목한 것은
이 책은 상당수의 글자들이 목활자로 인쇄되었다는 것이다. 이것을
근거로 하여 일부 연구자들은 심지어 刊記에서 밝히고 있는 주자를
이용해 인쇄했다는 말의 진실성 여부에 대해도 의혹을 제기하고 있
다. 그러나 간과할 수 없는 사실은 이 책에서 사용된 상당수의 글자
들이 금속활자에 의해 인쇄되었다는 것이다. 이 책은 주자를 이용해
組版하여 인쇄하였으며 그 중에 상당수의 목활자로 보충한 주자印
本인 것이다. 이런 상황이 나타난 주요 원인은 주자를 이용해 인쇄
할 때 어떤 글자가 부족하지만 주자를 만들 시간이 없으므로 임시로
목활자를 조각하여 문제를 해결했기 때문이다. 책 속에 상당수의 목
활자가 나타난 것과 주자의 마멸과 손상정도를 감안할 때, 이 주자
들은 아주 오랫동안 사용되어 마멸되고 대량으로 손상되어 분실되었
을 것이라는 것을 추측할 수 있다. 그러므로 興德寺에서 주자를 이
용해 서적을 인쇄한 역사는 고려 禑王 3년보다 더 이른 시기에 시
작되었으며 주자는 빈번히 사용되어 적지 않은 서적을 인쇄하는 데
사용되었다고 할 수 있겠다.

　　일부 학자들의 연구에 의하면 현존하고 있는 모 판본의 『慈悲道
場懺法集解』는 興德寺의 주자排印本을 飜刻한 것이라고 한다.[58] 이

---

57) “宣光七年丁巳七月日　淸州牧外興德寺鑄字印施”
58) 南權熙, 「興德寺字로　찍은　慈悲道場懺法集解의　覆刻本에　관한　考察」
　　참조.

책의 글자체는 興德寺本 『白雲和尙抄錄佛祖直指心體要節』의 글자
체와 극히 유사하다는 데 연유한다. 이 사실은 興德寺에서 주자로
배열하여 인쇄한 책이 『白雲和尙抄錄佛祖直指心體要節』만이 아니라
는 것을 간접적으로 증명해주고 있다.

(4) 書籍鋪에 대한 鄭道傳의 구상

여말선초에 鄭道傳은 서적포를 설립하고 주자를 이용하여 각종 서
적들을 인쇄하겠다는 구상을 가지고 있었다. 그는 『三峰集 · 置書籍
鋪詩併序』에서 다음과 같이 말했다.

독서인들이 책을 읽고자 하는 열망이 아무리 강해도 책이 없으면
어떻게 목표를 달성할 수 있겠는가? 우리나라에는 서적이 극히 적어
학자들은 책을 널리 탐독할 수 없는 것을 항상 유감스럽게 생각하고
있다. 나도 이 때문에 오랫동안 마음의 병을 앓게 된지라 "서적포"를
설립하여 주자를 주조하고자 한다. 經史 · 子書 諸家詩文부터 醫方 · 兵
律까지 각종 서적들을 모두 인쇄하여, 읽을 책이 없어 흘러가는 세월
만 한탄하고 있는 독서인들의 한을 풀어주고자 한다.[59]

또한 『三峰集』「凡例」에서는 다음과 같이 적고 있다.

---

59) 鄭道傳, 『三峰集』권1, 「置書籍鋪詩併序」, 『韓國文集叢刊』, 민족문화추
   진회, 1990, vol.5, p.296. "夫爲士者 雖有向學之心 苟不得書 亦將如何
   哉 而吾東方書籍罕少 學者皆以讀書不廣爲恨 予亦病此久矣 切欲置書
   籍鋪鑄字 凡經史 子書 諸家詩文 以至醫方 兵律 無不印出 俾有志于學
   者皆得讀書 以免失時之歎"

이 문집은 洪武 丁丑년 부터 刊刻하기를 시작되었다.60)

여기서 말하는 洪武 丁丑년이란 조선 太祖 6년(1397년)을 가리키는 것으로 『三峰集』이 1397년에 최초로 간행되었다는 것을 뜻한다. 따라서 「置書籍鋪詩併序」의 집필 연대는 더 이르다고 할 수 있겠다. 한편 학자늘이 고증한 바에 의하면 『三峰集』에 수록된 시문들은 작자가 고려 恭愍王 12년(1363)에서 恭讓王 2년(1390)사이에 창작한 작품들이라고 한다.61) 그렇다면 「置書籍鋪詩併序」의 집필연대 역시 이 기간이라고 할 수 있다. 鄭道傳이 서적포를 설립하고 주자를 이용하여 각종 서적들을 인쇄하겠다는 구상한 시기는 고려말기라고 할 수 있다.

(5) 고려 말기 書籍院의 출현

늦어도 고려말기에 이르러 조정에서는 주자를 관리하고 이를 이용해 서적을 인쇄하는 기구를 설립했다. 『高麗史』에 의하면 고려왕조는 원래 '書籍店'을 설치했었으나 공양왕3년(1391)에 폐지했다. 그러나 이듬해인 恭讓王4년(1392)에 이르러 고려왕조는 새로운 기구인 書籍院을 설치한다. 이 새 기구의 직책에 대한 기록을 보면 다음과 같다.

주자와 관련되는 일과 서적 인쇄에 관한 일을 맡아서 했다.62)

---

60) "是集始刊于洪武丁丑"
61) 千惠鳳『韓國古印刷史』, p.83 참조.
62) 『高麗史』卷77, 志第31, 百官2, 書籍店條, 『북역 고려사』, 도서출판 신서

그리고 이 기구에 令丞 등 관직을 설정해 관리하도록 하였다. 이 사실은 『高麗史節要』중에서도 상관된 기록을 찾아볼 수 있다.

書籍院을 처음으로 설치하였는데 주자와 서적인쇄에 관한 일을 맡았다.[63]

이 기록에서 알 수 있는 바와 같이, 書籍院과 직책이 비슷한 기구는 아주 오래 전에 있었던 것으로 존폐를 거듭한 뒤, 본격적으로 '書籍院'이라고 명명한 기구로 자리잡게 된 것이다. 書籍院이 설립된 정확한 시기는 양왕 4년 정월이다. 書籍院이 설립된 해에 고려왕조는 조선왕조로 교체되었지만 書籍院은 조선 초기까지 계속 남아 있었다. 오늘날에 이르기까지 書籍院이 활자를 주조해 인쇄활동을 했다는 기록은 그 어디서나 찾아 볼 수 없다. 그러나 이 기구가 새롭게 설립되어 폐지되지 않고 조선 초기까지 남아있었던 것으로 보아 아무 활동도 하지 않은 방치된 기구로 보기는 어렵다. 아마 주자의 제작 및 보관, 주자와 소장하고 있는 冊版을 이용해 서적들을 인쇄하는 등의 일을 담당했으리라고 추정된다.

書籍院에 관한 역사자료들이 결여되어 있는 상황이지만 현존해 있는 木版으로 翻刻 한 『直解大明律』에 수록되어 있는 金祗의 발문에서 조선 초기에 書籍院이 목활자로 이 책을 인쇄했다는 것을 알 수 있다.

政丞 平壤伯 趙浚이 나와 高士褧에게 이 일을 책임지라고 명한지

원, 1991, vol.7, p.251. "(恭讓王)四年 置書籍院 掌鑄字 印書籍 有令丞"
63) 『高麗史節要』권35, 恭讓王2, 壬申 4年 春 正月條, "初置書籍院 掌鑄字 印書籍"

라 우리는 반복하여 곰곰이 연구하고 한 글자 한 글자 씩 해석해 나
갔다. 그것을 다시 정도전 등 학자들이 수정하였으니 가히 '切磋琢磨'
의 정신이라 할 수 있겠다. 이렇게 번역을 마친 책들을 '書籍院'에 넘
겨 白州知事 徐贊이 제조한 목활자로 100부 넘게 인쇄하여 발행하였
다. 이렇게 해서야 형법 '欽恤'의 본의에 어긋남이 없다고 하겠다. 홍
무년 2월 1일, 尙友齋 金祗 서.64)

위에서 인용한 발문을 통해서 우리는 조선 태조 4년 乙亥(395년),
書籍院이 白洲知事 徐贊이 제조한 목활자로 『直解大明律』백여 부
를 인쇄했다는 사실을 알 수 있다. 魚叔權도 『稗官雜記』에서 이 역
사사실에 대해 기록하고 있다. 그러나 위에서 인용한 것과는 약간의
차이를 보이고 있다.

대명률(大明律)은 전혀 이문(吏文)의 문자를 써서 그 문자(文字)가
간고(簡古)하고 곡절이 많아서 이문에 통한 자가 아니면 해독할 수가
없다. 우리 나라에서는 율학을 설치하여 전공 하게 하나 와전된 것을
승습하고, 그릇된 것을 지켜서 그 문자도 알지 못하는데 더구나 그
뜻을 통할 수 있겠는가. (中略) 홍무(洪武) 을해(乙亥)년에 정도전(鄭
道傳)의 무리가 율문이 깨닫기 어려움을 걱정하여 설총(薛聰)의 지은
이두(吏讀)로 조목 하나 하나를 번역하여 이름을 직해대명률(直解大
明律)이라 하여 서국(書局)으로 하여금 인쇄하여 내게 하였는데, 무려
3백 88건이다. 세월이 오래 되니 흩어지고 없어져서 남아 있지 않다.
내 선인이 집에 한 건을 간직하여 두었는데 내가 한 번 읽어 보니,
드문 드문 번역하지 못한 곳이 있었으나 대강 요령은 모두 통할 수

---

64) 金祗, 「跋」, 『直解大明律』書末. "政丞平壤伯趙浚乃命檢校中樞院高士褧
與子(予)囑(屬)其事 某等詳究反復 逐字直解 於虖 予二人草刱於前 三峯
鄭先生道傳 工曹典書唐誠潤色於後 豈非切磋琢磨之謂也歟 功旣告訖 付
書籍院 以白州知事徐贊所造刻字 印出無慮百餘本 而試頒行 庶不負欽
恤之意也 時洪武乙亥二月初吉 尙友齋金祗謹識"

있다. 만일 이것을 읽은다면 반드시 서강월의 착오는 없을 것이다. 가정(嘉靖) 병오(丙午)년에 원참의(元參議) 혼(混)이 호서(湖西) 관찰사가 되었는데 보고 기뻐하여 드디어 공주(公州)에서 간행하니, 법률을 배우는 자가 비로소 그 지남(指南)을 얻었다.65)

魚叔權의 기록에 의하면 『大明律』간행을 책임진 기구를 '書局'이라고 했으며 이 책은 모두 388부나 인쇄했다고 한다. 간행기구와 인쇄수량 면에서 金祗의 발문과 일정한 차이를 보이고 있다. 인쇄방식에 관해서 魚叔權은 분명한 기록을 하지 않고 있으나 '인쇄하여 내게 하였다'라고 했는데 이는 활자 인쇄에 대한 고대의 통상적인 기술방식이다. 만약 彫版 인쇄라면 '梓行'·'板行'등 단어를 사용하였을 것이다. 그러므로 활자 인쇄를 사용했다는 점에 있어서 양자의 기록은 차이가 없다고 하겠다.

魚叔權은 당시에 활자로 인쇄한 『直解大明律』원본을 직접 보았다고 했다. 그렇다면 그의 기록은 활자본 원판에는 수록되었으나 현재에는 전해지지 않는 刊記나 序, 跋 등에 근거했을 가능성이 크다. 金祗의 발문에서 알 수 있듯이 薛聰이 창제한 吏讀로 조목에 따라 『大明律』을 번역하는 일에 참여한 사람은 선후 두 팀이나 된다고 한다. 즉 金祗와 高士褧가 초기의 번역을 했고 鄭道傳과 唐誠이 윤색을 했다는 것이다. 현존 翻刻本 『直解大明律』에는 金祗 한 사람

---

65) 魚叔權, 『稗官雜記』4, 『國譯大東野乘』권4, 민족문화추진회, 1971, vol.1, pp.541~542, "『大明律』專用吏文文字 而其體簡古多曲折 非通乎吏文者 不可得以解矣 (中略) 洪武乙亥 鄭道傳等患律文難曉 以薛聰所制吏讀 逐條翻譯 名曰『直解大明律』令書局印出 凡三百八十八件 歲月已久 散亡不存 余先人有家藏一件 餘覽訖一過 往往有未譯處 然大要則皆可通矣 若讀此 必無西江明月之誤也 嘉靖丙午 元參議混觀察湖西見而喜之 遂入梓(按:疑爲梓)於公州 學律者始得其指南云"

의 발문만 실려 있을 뿐, 후기에 이 일을 맡아 마무리를 한 鄭道傳
과 唐誠에 대해서는 일언반구도 없다. 고대의 저술 관례로 볼 때 이
는 있을 수 없는 일인 것이다.

　魚叔權이 鄭道傳만 거론하고 있는 것으로 볼 때 그는 鄭道傳이
쓴 『直解大明律』에 관한 序나 跋에 근거했을 것이다. 高士褧는 金
祗와 초기의 번역 작업에만 참여했을 뿐이고, 鄭道傳과 唐誠이 최종
마무리 작업을 했다. 그러므로 『直解大明律』의 인쇄기구와 인쇄 수
량에 대해서는 마무리 작업을 책임졌던 鄭道傳과 唐誠이 金祗와 高
士褧보다 더 잘 알고 있는 것은 당연한 일이다.

　이 책의 간행을 책임진 '書局'이 書籍院의 별칭인지 아니면 다른
기구인지에 대해서는 보다 세밀한 고찰을 필요로 한다. 여기서 중요
한 것은 이 책의 확실한 인쇄수량을 388부라고 했는데 이는 金祗가
발문에서 대략적으로 추측해낸 숫자 "무려 백여 권"보다 더 정확하
게 표현하고 있다는 것이다. 이 점은 확실히 해 둘 필요가 있다. 왜
냐하면 무엇 때문에 주자가 아닌 목활자를 이용해 『直解大明律』을
인쇄하였는가를 정확히 이해하는 데 중요한 역할을 하기 때문이다.

2) 주자에 대한 인식

　주자소 설립이전의 주자인쇄의 실제상황을 파악하고자 한다면 먼
저 당시 사람들의 주자에 대한 인식 및 인식의 발전과정에 대해 탐
구해 볼 필요가 있다. 비록 당시 주자인쇄활동과 관련 되어 있던 사

람들이 주자에 대한 인식이 기록으로 남겨지지 않았지만 우리는 객관적 사실에 대한 분석을 통하여 그 대략적인 이해를 시도해 볼 수 있다.

(1) 崔怡와 李奎報의 주자에 대한 인식

고려왕조가 강화도에 수도를 옮겼을 때 崔怡는 주자 인쇄활동의 중심적 인물이었다. 주자 인쇄술은 강화도로 수도를 옮긴 후, 불안정한 시대에 발명된 것이 아니라 강화도로 수도를 옮기기 전에 발명되어 짧지 않은 기간 동안 사용되었던 것이다. 李奎報가 쓴 발문에서 주자에 대해 언급을 하면서도 특별히 아무런 해석적 언급을 하지 않은 것을 보면 주자인쇄술은 당시 특별히 새롭게 만들어진 것이 아니라 그 시대 사람들이 이미 익히 알고 있었던 것으로 보이기 때문이다.

그러나 주자인쇄술이 오래 전에 발명되었고 사람들이 익히 알고 있는 것이었다고 해도 강화도로 수도를 옮기기 전, 주자인쇄 활동에 관한 명확한 기록은 찾아볼 수 없다. 강화 천도 이후의 짧은 기간에 崔怡를 중심으로 하여 이루어진 주자인쇄에 대한 기록과 활동은 적어도 두 곳에서 발견하게 된다. 문헌기록상에서 이렇게 거론되었던 것을 보면 실제적으로 이들은 주자 활동에 적극적으로 관여했을 가능성을 능히 짐작할 수 있다. 평화롭고 안정된 시기에 어떤 인쇄물을 간행하고자 할 때, 일반적으로 선택하는 간행 방식은 木版인쇄일 것이다. 주자인쇄술은 실제 사용에 있어서 같은 판을 반영구적으로 사용할 수 있었던 목판인쇄처럼 실용적이 못했기 때문이었다. 崔怡가 木版으로 주자본 『南明泉和尙頌證道歌』를 다시 翻刻한 것도 이와 같은 이유 때문이었다. 당시 강화도로 수도를 옮긴지도 7년이 되었고 전란이 빚어낸 손실도 점차 복구되어 사회는 점점 안정된 모습을 되찾고 있었을 것이다. 崔怡가 주자인쇄술을 알고 있으면서도 여전히 木版을 사용하여 책을 다시 인쇄했다는 사실은 안정된 시기에 여건만 허락된다면 木版을 우선적인 간행수단으로 삼았다는 것을 알 수 있다. 이와 같은 사정을 그는 발문을 통해 다음과 같이 밝히고 있다.

> 그러니 이러한 책을 감히 방치해 두어서야 되겠는가? 이런 연유에서 나는 공예가들을 모집하여 원래의 주자본을 목판으로 조각하게 하여 세상에 널리 전해지게 하고자 하노라.[66]

崔怡는 책을 주자로 인쇄하였다 하더라도 여전히 "감히 방치해 두어서야 되겠는가" 하며 오직 목판으로 조각하여 간행해야만 오랫동안 유전될 수 있다고 생각한 것이다.

요컨대, 주자에 대한 崔怡의 인식은 여건만 구비된다면 책을 간행하는 데 있어, 우선적으로 선택하는 방식은 木版인쇄이며 다만 전란이 발생하여 여건이 허락되지 않을 때만 주자를 사용하는 것이다. 책이 오랫동안 유전되게 하기 위해서는 木版을 사용해야 하며 조건이 허락되지 않을 때에만 주자를 임시 해결방안으로 채택하여 사용한다는 의미인 것이다.

---

66) "然則其可閉塞而不傳通乎 於是募工重雕鑄字本以壽其傳焉"

(2) 『直指』 간행자의 주자에 대한 인식

현 프랑스 국립도서관에 소장 주자인본 『白雲和尙抄錄佛祖直指心體要節』는 고려 禑王 3년(1377)7월에 白雲和尙의 문도인 釋璨과 비구니 妙德 등이 淸州 興德寺에서 사람들을 조직하여 인쇄한 것이다. 이 책의 끝부분에 간행자들의 識文이 실려 있다.

緣化
門人
釋璨
施主 比丘尼 妙德

여기서 주의해야 할 것은 1년도 되지 않는 禑王 4년(1378) 6월에 白雲和尙의 뭇 문도 들이 川寧 鷲嵒寺에서 이 책을 다시 彫版하여 인쇄했다는 것이다. 刻本 『直指』의 뒷부분에 간행자의 識文이 실려 있다.

書員 一庵禪和・天旦
刻字 宗幹・昆如・信明
募緣 法隣・自明・惠全
助緣門人 比丘尼妙德・妙性・靈照・性空
鈴平郡夫人尹氏・北原郡夫人元氏
駒城郡夫人李氏
正順大夫判通禮門事金繼生
留板川寧鷲嵒寺[67]

---

67) 李穡, 「佛祖直指心體要節序」, 宣光八年鷲嵒寺刊本『白雲和尙抄錄佛祖直指心體要』에서 인용, 藏書閣所藏本(貴CA－1A).

두 차례에 걸친 간행에 참가했던 사람들은 모두 白雲和尙의 문도들이며 비구니 妙德도 두 차례나 출자하여 간행을 지지해 주었다. 때문에 그들은 川寧 鷲嵓寺에서 목판을 조각하여 이 책을 다시 인쇄할 때 얼마 전에 주자로 인쇄했다는 사실을 누구보다 잘 알고 있었을 것이다. 그리고 이 두 판본은 序跋과 異體字 외에는 내용면에서 큰 차이가 없다. 그러므로 『直指』를 주자로 인쇄한지 1년노 뇌시 않아 木版으로 다시 간행했다는 사실은 간행자들이 주자인쇄술을 급힌 상황에 대처하기 위한 임시방편으로 사용했을 뿐, 여건이 구비된 후에는 다시 木版인쇄를 했다는 것이다.

川寧 鷲嵓寺 刻本에 수록된 李穡이 작성한 『佛祖直指心體要節序』에 다음의 말이 있다.

> 그의 제자인 法鄰・靜慧등이 이 책을 간행으로 넓게 유전하려 하다.[68]

이 말을 통해서 볼 때, 간행자 역시 崔怡와 비슷한 인식을 갖고 있다는 것을 알 수 있다. 다시 말해 한 책을 주자로 인쇄하였다 하더라도 널리 유전하지 못하며 목판으로 조각하여 간행해야만 광범하게 유전되었던 것이다.

(3) 鄭道傳의 주자에 대한 인식

鄭道傳의 주자에 대한 인식은 그가 작성한 『置書籍鋪詩序』에서

---

68) 宣光8년 川寧鷲嵓寺 刊本 『白雲和尙抄錄佛祖直指心體要節』에서 인용, 藏書閣所藏本(貴CA－1A). "其徒法鄰・靜慧將綏梓以廣其傳"

비교적 체계적으로 드러난다.

독서인들이 책을 읽고자 하는 열망이 아무리 강해도 책이 없으면 어떻게 목표를 달성할 수 있겠는가? 우리나라에는 서적이 극히 적어 학자들은 책을 널리 탐독할 수 없는 것을 항상 유감스럽게 생각하고 있다. 나도 이 때문에 오랫동안 마음의 병을 앓게 된지라 "서적포"를 설립하여 주자를 주조하고자 한다. 經史·子書 諸家詩文 부터 醫方·兵律까지 각종 서적들을 모두 인쇄하여, 읽을 책이 없어 흘러가는 세월만 한탄하고 있는 독서인들의 한을 풀어주고자 한다.[69]

詩序에서 鄭道傳이 주자를 이용하여 그때 당시 학자들이 여러 분야의 서적들을 널리 접할 수 없었던 문제를 해결하고자 했다는 것을 알 수 있다. 앞 절에서도 분석하였듯이 여말선초에 학풍전환의 영향으로 지식인들의 독서 초점은 점차 전이되고 확산되기 시작하였으며 서적에 대한 욕구도 현저한 변화를 일으켜 새로운 경향이 나타났다. 그러나 당시의 서적사업은 간행, 소장, 유통 등 측면에서 이런 시대적인 욕구에 적극 부응하지 못했을 뿐더러, 오히려 반대방향으로 치닫고 있었다. 그러므로 鄭道傳의 이러한 의식은 당시 서적 공급과 수요의 모순이 심화된 상황을 반영한 것이다. 그는 최초로 간행에서 드러난 모순을 해결하고자 했던 사람이었다.

정도전은 주자를 이용하여 經史·子書·諸家詩文·醫方·兵律 등 여러 부류의 책들을 인쇄하려 했다. 그의 이런 열망은 독서의 초점이 확산된 데서 기인한 것이다. 여기서 주목해야 할 점은 정도전이 목판인쇄에 대해서는 일언반구도 언급하지 않고 있으며 주자로 이런 서적들을 간행하여 학자들이 모두 책을 읽을 수 있게 하려고

---

69) 鄭道傳, 『三峰集』卷之1, 「置書籍鋪詩幷序」

한[70] 점이다. 이는 정도전이 주자를 목판인쇄의 보조적 수단이라고 여기는 생각에서 탈피하여 주자를 독자들의 수요를 해결하는 유일무이한 간행수단으로 여기고 있다는 것을 시사해주는 것이기도 하다.

　고려 말기에 주자인쇄를 전문적으로 관리하는 書籍院이 출현한 것은 상술한 정도전의 사상과 밀접한 관계가 있다. 조선조 주자소의 설립은 이런 의식을 계승하고 발전시킨 결과라 평가할 수 있다.

3) 인쇄기술상에 있어서의 鑄字와 彫板

　주자소 설립이전에 주자인쇄술은 이미 사회에 널리 보급된 기술이었으며 목판인쇄술에 비해 편이한 인쇄 방식이었다. 하지만 아주 오랜 기간 동안 주자인쇄술은 목판인쇄의 보조적인 수단이라는 의식에서 벗어나지 못했다. 책을 간행할 때 사람들은 木版인쇄 방식을 선호하였으며 여건이 미비하거나 시간적으로 촉박한 상황에서만 임시 수단으로 주자인쇄방식을 택했던 것이다. 전란이나 수도를 옮기는 등의 특별한 일이 발생하였을 경우에만 이용되었다. 이런 과정에서 주자 인쇄술에 대한 사람들의 의존도가 높아지고 사용이 빈번해 진 것은 사실이지만 사람들은 임시 임시방편적인 수단으로 주자인쇄를 선택했으므로 조건이 구비되면 주자로 배열 인쇄한 책을 다시 木版으로 인쇄하곤 했던 것이다.

---

70) "俾有志於學者皆得讀書"

이런 상황이 야기된 주요 원인은 고대의 木版 인쇄와 활자 인쇄는 각각 장점이 있었기 때문이다. 木版 인쇄에 비해 활자 인쇄는 배열하기 간단하고 시간을 단축시킬 수 있었으며 경제적으로도 절약할 수 있는 장점이 있었던 반면, 활자 인쇄는 활자로 인쇄한 印板을 보존할 수 없다는 것이 단점이었다. 일정한 수량의 책을 찍어낸 후에는 해판을 하고 반드시 새로 印板을 배열해야 다른 책을 찍을 수 있었다. 재판할 경우에는 다시 印板을 배열해야 하는 번거로움이 있었다. 그러나 활자 인쇄에 비해 木板 인쇄는 한번 冊板을 조각하고 나면 오랫동안 쓸 수 있는 장점을 가지고 있어 수시로 재판할 수 있었다. 고려시대 때 지식의 내용이 변화되는 경우도 드물었으며 사람들이 요구하는 서적들도 거의 대부분이 불교서나 유가경전이었으므로 수시로 인출할 수 있는 木板 인쇄가 당연히 선호되었던 것이다. 이런 이유로 말미암아 木板 인쇄에 비해 주자 인쇄는 그 보조적인 수단으로 인식될 수밖에 없었다.

고려말기에 이르러 변화가 일어났다. 앞에서 언급했듯이 사람들이 요구하는 서적의 종류가 다양해짐에 따라 도서의 수요와 공급의 모순이 심화되었다. 사람들은 예전에 불교서와 유가경전 등 단순한 영역을 섭렵하던 데로부터 성리학을 비롯한 더 광범위한 영역의 책들을 탐독하고자 했다. 사람들은 책이 다량으로 간행되길 원했으며 다양한 종류의 책을 접하려고 했다. 이런 상황에서 책마다 목판하여 인쇄한다는 것은 불가능하게 되었으므로 사람들은 주자인쇄로 눈을 돌리게 되었다. 사람들은 주자인쇄가 방편적 수단으로 최선이며 책을 얻는 대로 즉시 간행할 수 있어 밀물처럼 들어오는 새 책의 간행문제도 해결할 수 있다는 사실을 의식하게 되었다. 이런 인식변화로 인하여 주자 인쇄술은 그 지위가 날로 높아져 보조적인 인쇄방식에서 주요 인쇄방식으로 점차 자리 잡게 되었다.

성리학이 널리 유행함에 따라 지식인들은 송나라 이후에 출현한 신서들을 대량으로 접하고자 했으며, 박학의 분위기가 형성됨에 따라 흔히 볼 수 없는 異書들을 탐독하고자 하는 요구가 많아졌다. 이 두 가지 원인으로 당시의 지식인들은 갖가지 서적의 종류에 대한 요구가 부단히 확대되었다.

서적에 대한 요구가 확대됨에 따라 서적의 간행도 전례 없는 호황을 맞이하게 되었지만 이를 빠른 시간 내 새로운 방면의 책을 출판해야 할 부담도 적잖았다. 고려 이전의 사람들은 불경이나 유교경전에 있어서 그 내용만을 중요시했으므로 서적이 오래될수록 이전 사람들의 모습과 가깝다고 생각해 더욱더 고서를 호평했다. 때문에 당시에는 불경과 낡은 유교 경전을 木板 인쇄하기만 하면 같은 내용으로 당시의 수요는 물론이고 향후 수백 년까지의 수요도 충족시킬 수 있었다.

하지만 여말선초에 이르러서는 가까운 시대의 성리학자들의 견해를 담은 저서들에 대해 선호하는 경향으로 변화되었으므로 출판된 책의 내용이 새로울수록 환영을 받았다. 당시의 독자들은 불경이나 유가경전 등 단순한 종류의 책을 읽는 데만 그치지 않고 더 광범위한 영역을 접하려고 했다. 그러므로 이미 刻印해 놓은 冊板이 실제의 수요를 충족시키기에는 턱 부족이었다. 독자들은 새로운 책들이 대량으로 간행되길 간절히 원하는 분위기 속에서 서적의 공급과 수요 사이의 생기는 모순은 날로 심화될 수밖에 없었다. 이런 상황에서 도서의 재유통상에도 문제가 발생할 수밖에 없었다.

여말선초의 정치문화상에 있어서 주도적 지위를 차지하게 된 신흥지식인계층은 귀족들처럼 대대로 물려받은 가족소장도서가 없었으므로 새로 구입한 서적을 통해 독서에 대한 욕구를 충족시킬 수밖에 없었다. 하지만 당시 서적의 유통경로는 불완전하고 단순해, 종교서적을 제외한 학술서적은 원활히 유통되지는 못했다. 왜냐하면 독자는 서적에 대한 일방적인 수요와 욕구만을 드러낼 수 있었을 뿐, 서적의 능동적인 발행과 공급에는 직접적으로 참여할 수는 없었기 때문이다. 이런 서적의 공급과 수요의 모순을 완화시키기 위하여 당시 사람들은 간행업에서 해결방도를 찾고자 했다. 즉 사람들은 보조적 인쇄수단으로 사용되고 있는 주자인쇄술에 주목하기 시작한 것이다.

요컨대, 주자인쇄는 組版이 간단해 시간을 절약할 수 있으며 때문에 경제적 비용이 적게 드는 등 장점을 가지고 있었다. 하지만 배열한 印板이 일회용이어서 일정한 수량의 책을 인쇄한 후에는 오래 보존할 수 없고 재사용할 때에 다시 組版해야 한다는 번거로움이 있는 까닭에 목판의 보조적인 인쇄수단으로만 인식되었다. 시간적으로 촉박하고 板刻할 시간이 없거나 자금이 부족하고 전란이 발생하는 등의 원인으로 말미암아 木版을 사용할 수 없는 경우에만 임시방편으로 주자로 인쇄했다. 설사 주자로 서적을 인쇄하였다 하더라도 만약 조건이 구비되기만 하면 다시 木板하여 인쇄하였다. 여말선초에 이르러 학풍의 전환과 독자의 독서 취미가 다양해짐에 따라 빠른 시일 내에 다양한 책들을 간행해야만 했다. 이런 과정 속에서 주자인쇄의 필요성이 대두되었다. 하지만 목판인쇄는 이런 현실적 요구에 부응하기 위한 인쇄수단으로는 적잖은 폐단을 가지고 있었다. 그리하여 사람들은 자연히 組版이 간단하고 시간을 절약하며 경제적으로 비용이 적게 드는 주자인쇄를 선호하게 되었다.

정도전을 비롯하여 당시 사람들은 이때에 이르러서야 비로소 주자인쇄술의 가치를 인정하게 되었다. 사람들은 주자로 인쇄하면 새책들을 제때에 인쇄할 수 있을 뿐만 아니라, 책이 분실되어도 전혀 걱정할 필요가 없다는 장점을 인정하게 되었던 것이다. 이런 인식상의 변화는 오늘날 우리가 보기에는 별것 아니겠지만 당시의 상황에서는 획기적인 비약이라고 아니 할 수 없다.

조선시대 주자소의 설립은 시대발전의 필연적 산물이다. 상술한 내용에서 알 수 있듯이 여러 요소들이 복합적으로 작용해 질적 변화를 이뤄냈다. 다시 말해 주자소의 설립과 주자인쇄는 太宗의 현명한 판단과 정도전을 비롯한 지식인들의 높은 문화적 안목, 그리고 사회문화적으로 요구되었던 인쇄문화의 혁신적 요소들이 함께 어우러져 이룩된 결과이다.

제 3 장 주자소의 설립 과정

1. 주자소 설립에 대한 제안

1) 설립 제안의 내용

고대에 있어서 국가의 중요한 일들은 모두 제의와 상의를 통해 이뤄졌다. 주자소도 이런 일련의 과정을 거쳐 설립되었다. 여기서는 주자소의 설립과정에 대해 살펴보기로 한다. 『太宗實錄』에 기재된 주자소와 관련된 기록을 보면 주자소 설립에 대해서 다음과 같은 설명을 하고 있다.

주자소를 새로 설립하였다. 임금님은 우리나라에 책이 적어서 선비들이 많이 볼 수 없다는 것을 생각하여 주자소를 설립할 것을 명하였다.[1]

---

1) 『태종공정대왕실록(국역본)』 제5권, 3년 2월 경신조, 『이조실록』, 여강간행사, 1991, vol.4, p.359. "新置鑄字所 上慮本國書籍鮮少 儒生不能盡觀 命置所"

여기서 주자소 설립은 태종의 문화 사업에 대한 고민에서 비롯된 것임을 알 수 있다. 즉 본국에 서적이 적고 유생들이 책을 많이 볼 수 없다는 것을 감안하여 태종이 직접 명하여 설치한 것이지 신하가 건의에 의해 만들어진 것이 아니라는 것이다.

태종의 주자소 설치 제안의 구체적 내용은 무엇이며 태종은 무슨 문제를 어떻게 해결하고자 했고, 문제 해결 방안에 대해 어떻게 평가하였는가에 대해서 權近이 쓴 『鑄字跋』에 구체적으로 설명되어 있다.

영락(永樂)원년(태종3년, 1403) 봄 2 월에 전하(殿下)께옵서 좌우의 <신하에게> 이르시기를, 대저<나라를>다스리고자 할진대, 반드시 널리 (法典)과 (文籍)을 보아야 한다.그런 뒤에야, 모든 이치를 추구(推究)하고, 마음을 바르게 하여 몸을 닦고, 가도(家道)를 정연히 바로잡고, 나라를 잘 다스리고, 천하를 태평하게 하는 공효를 가히 이룰 것이다. 우리 동방이 해외에 있어 중국의 서적이 드물게 이르고, 판각(板刻)의 판본이 쉽게 훼손되며, 또 천하의 서적을 다 간행하기는 어려운 것이다. 내가 동(銅)으로 모를 떠서 글자를 만들어 가지고 서적을 얻는 대로 반드시 이를 인쇄하여 그 전파를 널리 하려고 하니, 진실로 무궁한 이익이 될 것이다.[2]

이러한 설명을 통해 우리는 太宗의 주자소 설치 제안의 대체적인 내용을 알 수 있다. 우선 태종은 나라를 잘 다스리자면 책을 많이 읽어야 하고 오직 이를 통해서만 자신의 품성, 지혜, 도덕을 잘 닦

---

2) 權近, 「鑄字跋」, 『국역동문선』 제103권, 민족문학촉진회, 1998, vol.8, p.158. "永樂三年春二月. 殿下謂右日 凡欲爲治 必須博觀典籍 然後可以窮理正心而致修濟治平之效也 吾東方在海外 中國之書罕至 板刻之本易以元刂缺 且難盡刊天下之書也 予欲範銅爲字 隨所得書必就而印之 以永其傳 誠爲無窮之利"

을 수 있으며 나아가 나라를 다스리는 재능을 갖게 된다고 보았다. 바로 이것이 주자소를 설치한 큰 목적이라 할 수 있다. 이 목적은 도서 박람→개인 수양의 제고 및 개인의 정치적 능력의 강화→治國의 고리로 이어져 이루어진 것이다.

이런 과정에서 다소 문제점을 발견할 수 있다. 눈여겨 볼 부분은 우리 동방이 중국의 해외에 있는 까닭에 중국의 서적이 드물게 수입된다는 내용이다. 앞에서 논의한바와 같이, 이 시기에 성리학은 사상계, 학술계에서 대단히 성행하였지만 성리학이 중국에서 전파되어 온지 얼마 안 돼 한국에는 관련된 저술이 적었으며 저술한 것을 간행한 일은 극히 드물었다. 이 방면의 책은 중국에서 수입해야만 했기에 우리 동방이 중국의 해외에 있는 까닭에 중국의 서적이 드물게 수입된다는 말은 결과적으로 서적이 부족하다는 말이 된다. 『太宗實錄』을 보면 '본국에 서적이 적은 것을 고려하여'라고 기록하고 있다. 이로써 볼 때, 태종이 주자소를 설치한 목적은 서적이 적은 문제를 해결하기 위해서라고 할 수 있다. 이 문제를 해결하는 전통적인 방법은 목판으로 서적 간행을 빠르게 유통시키고자 한 것이다. 이 과정에서 太宗은 목각판으로 인쇄하면 두 가지 큰 문제점이 있다고 보았다. 하나는 인쇄용 판은 나무로 만든 판이기에 장기간 사용하면 간행의 결함을 가져올 수 있다는 점이었고 또 다른 문제는 목판은 만들기가 복잡하고 시간과 돈이 많이 필요하기에 모든 책을 간행하기가 어렵다는 것이었다. 목판의 이런 단점을 보완하기 위하여 太宗은 해결방도를 찾고자 한 것이다.

이와 같은 문제를 해결하기 위해서 태종은 동으로 활자를 주조하려 한 것이다. 이렇게 하면 빨리 간행하게 할 수 있으며 새책을 얻는 대로 수시로 인쇄할 수 있었다. 목판본으로 간행될 때의 야기되는 문제점을 동활자를 만들어 해결하고자 한 것이다. 이 방안을 太宗이 구체적으로 추진하려던 것이었다. 太宗은 이 방안에 대해 "진실로 무궁한 이익이 될 것이다."라고 하였는데 여기서 말하는 이익은 문화적 혹은 정치적인 이익을 말하는 것이지 경제적이 이익만을 의미하는 것은 아니다.

太宗의 주자소 설치 제안에 대한 내용을 꼼꼼히 살펴볼 때, 우리는 太宗이 제안한 내용의 기본적인 취지는 동활자를 주조하는 것이다. 하지만 태종은 주자소의 구체적인 편제, 소속, 직권 등에 대해서는 언급하지 않았는데 이것은 太宗이 동활자 주조의 필요성에 대해서 반복적으로 강조한 것과 뚜렷한 대조를 이룬다. 이는 太宗의 관심사는 동활자 주조이지 주자소 설치가 아니라는 것을 간접적으로 시사해 준다.

2) 제안에 따른 논쟁의 시말

(1) 논쟁의 내용

太宗이 주자소 설치를 제안한 이 후부터 주자소가 설치되기까지 어떤 과정을 거쳤으며 太宗이 대신들과 이 일을 상의할 때, 어떤 일이 일어났는지는 분명한 기록은 발견되지 않는다. 단지, 『太宗實錄』이나 당시 權近이 쓴 「鑄字跋」을 통해 실마리를 찾을 수 있을 뿐이다. 『太宗實錄』권5에 다음과 같은 기록이 있다.

(3년 2월 갱신)주자소를 신설하였다. 본국에 서적이 적어 유생들이 책을 많이 볼 수 없어 주자소 설치를 명하였다. (中略) 內府에서 동과 철을 많이 내놓았으며 신하들에게도 명하여 동과 철을 헌납하도록 하였다.[3]

또한 權近의 「鑄字跋」을 보면 다음과 같다.

영락(永樂)원년(태종3년, 1403) 봄 2 월에 전하(殿下)께옵서 좌우의 <신하에게> 이르시기를, "대저<나라를>나스리고자 힐진대, 반드시 널리 (法典)과 (文籍)을 보아야 한다. 그런 뒤에야, 모든 이치를 추구(推究)하고, 마음을 바르게 하여 몸을 닦고, 가도(家道)를 정연히 바로잡고, 나라를 잘 다스리고, 천하를 태평하게 하는 공효를 가히 이룰 것이다. 우리 동방이 해외에 있어 중국의 서적이 드물게 이르고, 판각(板刻)의 판본이 쉽게 훼손되며, 또 천하의 서적을 다 간행하기는 어려운 것이다. 내가 동(銅)으로 모를 떠서 글자를 만들어 가지고 서적을 얻는 대로 반드시 이를 인쇄하여 그 전파를 널리 하려고 하니, 진실로 무궁한 이익이 될 것이다. (中略)"하였다. 이리하여 내탕금(內帑金)을 다 내어 주었다.[4]

이와 같이 『주자발』에서는 내탕금을 "임금이 사사로 두고 쓰는 재물"로 해석하고 있는 것이다. 일반적으로 국가기관의 설립은 당연히 나라에서 그 비용을 부담해야 했기 때문에 보통 국고에서 지출하거나 백성들로부터 징수하는 것이 통상적인 관례였다. 주자소의 설립은 서적이 적어 유생들이 책을 많이 볼 수 없는 당면문제를 해결하고자 한 일이었던 만큼 단순히 군주를 위한 일이 아니기에 당연히

---

3) 『태종공정대왕실록(국역본)』 제5권, 3년2월경신조, 『이조실록』, 여강간행사, 1991, vol.4, p.359.
4) 權近, 「鑄字跋」, 『국역동문선』 제103권, 민족문학촉진회, 1998, vol.8, p.158.

나라에서 부담해야 하는 것이었다. 그럼에도 불구하고 주자소 설립 비용은 오히려 군주의 개인 재산 즉 '內府銅鐵'·'內帑'으로 해결되었고 모자라는 부분만 신하들이 자원으로 헌납하도록 해 보충하였다. 일부러 나라의 돈은 한 푼도 쓰지 않으려고 한 것이다.

여기에서 우리는 太宗이 주자소 설치제의를 하면서부터 주자소 설립에 이르기까지의 기간 동안 주자소 설립 준비 작업이 순탄히 추진되지 못했으리라는 추정을 하게 된다. 그 과정에 무슨 일이 일어났는지는 『世宗實錄』에서 그 해답을 찾을 수 있다. 『世宗實錄』의 기록을 보면 世宗이 주자개량 문제를 놓고 대신들과 토론하면서 태종 때의 주자소를 거론하게 된다.

太宗肇造鑄字所鑄大字時廷臣皆曰難成太宗强令鑄之以印群書廣布中外不亦違歟5)

이 말에 대해 기존의 논의에서는 다음과 같이 끊어읽기를 했다.

太宗肇造鑄字所 鑄大字時 廷臣皆曰難成 太宗强令鑄之 以印群書 廣布中外 不亦違歟.

이러한 끊어읽기를 바탕으로 하여 국역본 『李朝實錄』을 포함한 모든 자료에서는 이 말을 다음과 같이 이해하고 있다.

태종이 처음 주자소를 차려놓고 큰 글자를 부어내자고 할 때 조정의 신하들이 모두 힘들다고 하는 것을 태종이 억지로 부어내게 하였

---

5) 『世宗庄憲大王實錄』권65, 16年 甲寅 7月 丁丑條, 『朝鮮王朝實錄』, 국사편찬위원회, 1955, 서울.vol.3, p.578.

다. 그 덕에 많은 책들을 찍어 가지고 중앙과 지방에 널리 반포한 것
이야말로 얼마나 훌륭한 업적인가.6)

　이렇게 볼 때 '大字'를 주조한 것은 태종이 주자소를 설립한 후
여러 차례 진행했던 주자 활동 중의 하나이며, 대신들이 성공하기
어렵다고 한 것도 '人字' 주조를 기리키는 것이라 할 수 있다. 사실
이러한 내용은 다음과 같은 몇 가지 의문을 남긴다.
　우선 군신의 도리로 보아 대신들은 '大字' 주조 문제에 있어서 태
도를 표명할 권리가 없다. 위에서 제기한 바와 같이 주자소에 든 비
용은 태종의 개인 재산을 썼고 모자라는 부분만 신하들이 자원으로
헌납한 동과 철로 보충하였으며 나라의 돈은 한 푼도 쓰지 않았다.
이러한 군주와 '親勳臣僚有志者共之' 식 기구의 구체적인 행사의
안배 등은 조정의 대신들이 나서 반대할 권리가 없다는 것이다. 또
한, 행사의 순서는 지금까지의 해석을 보면 대신들이 '大字'를 주조
할 때, 즉 '大字' 주조 과정에서 반대를 한 것으로 이해된다. 그런데
대신들이 이 일이 성사하기가 어렵다고 생각하였으면 마땅히 大字
를 주조하려고 할 때 반대를 했어야 할 것이다. 표현의 논리로 볼
때, 세종의 이 말의 뜻은 태종이 신념을 굳히고 신하들의 말에 움직
이지 않았기에 이 위대한 업적을 이룩할 수 있었다는 것을 강조한
것이다. 그러나 위에서 제시한 대로 해석한다면 대신들이 반대한 것
은 오로지 '大字 주조'이었기에 태종이 대신들의 말을 듣는다 해도
주자소는 여전히 존재할 것이고 기타 활자는 계속 주조하였을 것이
라는 의미가 된다. '大字'가 없어도 기타 주자를 이용해 '많은 책들

---

6) 『世宗實錄』권65, 16年 甲寅 七月 丁丑條, 『이조실록』, 여강간행사, 1991,
　vol.30, p.167.

을 찍어서 중앙과 지방에 널리 반포하는' 위대한 업적을 이룩할 수 있었을 것이다. 위의 해석대로 이해한다면 태종의 굳은 신념과 위대한 업적을 이룩한 것과는 아무런 인과관계도 찾아볼 수 없다. 그렇다면 세종의 이 말은 아무 문제도 설명하지 못 한 빈 말에 불과한 것인가 반문하게 된다.

이로써 볼 때, 세종의 이 말에 대한 학계의 이해는 착오가 있으며 이러한 이해 상의 착오는 문장 끊어 읽기에서 비롯된 것이라는 것이란 것을 알 수 있다. 한문문법으로 볼 때 '時'자는 보통 앞에 '之'자를 붙여 명사, 대명사 뒤에 쓰일 수 있는데 이때는 한정 관계를 나타낸다. 그 뜻은 '~할 때'이다. 그런데 '時'자의 상용 용법은 명사 앞에 붙여 '當時'의 뜻으로 쓰이는 것이다. 세종의 말에서의 '時'자는 바로 두 번째 용법으로 쓰였다. 고로 이 말에 대한 올바른 끊어 읽기는 다음과 같아야 한다.

太宗肇造鑄字所鑄大字　時廷臣皆曰難成　太宗强令鑄之　以印群書 廣布中外　不亦違歟

이 말의 의미는 다음과 같다.

태종이 큰 활자를 부어내려고 처음 주자소를 설치하니, 그때 조정의 신하들이 모두 힘들다고 하는 것을 태종이 억지로 부어내게 하였다. 그 덕에 많은 책들을 찍어가지고 중앙과 지방에 널리 반포한 것이야말로 얼마나 훌륭한 업적인가.

이것은 위의 주자소 설치 제안 분석과 마침내 대응이 된다. 즉 태종의 주자소 설치 제안은 우선 '大字'주조란 이 구체적인 계획을 둘러싸고 제기한 것이다. 이것은 주자소 설립 작업의 첫 순서로서 '大字' 주조와 주자소 설립은 동시에 진행한 것이라고 할 수 있다. 양자는 분리할 수 없는 동일체이다. 대신들이 힘들다고 반대의 뜻을 완곡하게 표현한 것은 주자소 설치와 '大字'주조를 포함해서 말한 것이다. 이것은 태종의 주자소 설립제안에 대해 전부 부결한 것이지 '大字'주조만 부결한 것은 아니다.

요컨대 태종이 주자소를 설립하여 '大字'를 주조하자는 제안하자마자 조정에서는 치열한 논쟁이 벌어졌고 거의 모든 대신들이 주자소를 설립하여 '大字'를 주조하자는 제안에 반대를 하였던 것이다. 결국 쟁론 끝에 태종은 대신들의 반대에도 불구하고 자신의 생각대로 주자소를 설립하였던 것이다.

(2) 논쟁의 원인

태종의 주자소 설립 제안에 대해 조정에서 치열하게 벌어졌던 당시 논쟁의 원인은 현존의 관련 문헌의 기록을 통해 짐작해 볼 수 있다. 權近의 『鑄字跋』에서 언급한 세종의 발언을 좀 더 상세하게 분석해 보기로 하자.

> 영락(永樂) 원년 봄 2 월에, 전하(殿下) 께옵서 좌우의<신하에게> 이르시기를, "(中略) 그러나 그에 지공(支供)되는 비용을 백성에게서 거둬 내는 것은 부당하니, 내가 종친(宗親)·훈신(勳臣)등 신료(臣僚)들 중에 뜻있는 자와 더불어 그 비용을 같이 부담하면, 거의 성취할 수 있을 것이다" 하였다. 이리하여 내탕금(內帑金 임금이 사사로 두고 쓰는 재물)을 다 내어 주었다.[7]

태종의 '庶有成乎' 이 말은 태종이 동과 철의 해결방안을 설명한 다음 말한 것이다. 즉 태종은 동과 철을 '成'이냐 '難成'이냐 하는 것과 직접 연계시켜 생각하였던 것이다. 이 말은 세종의 '時廷臣皆曰難成'과 연관이 되는 것으로 태종이 대신들의 반대에 대한 항변이면서 동시에 해결방안이기도 하다. 즉 대신들이 '難成'이라고 한 이유와 태종이 '庶有成乎'라고 한 이유는 모두 동과 철의 사용량을 고려하였기 때문이다.

사료에 의하면 고대 한국에서는 銅과 鐵이 나지 않아 필요한 동, 철 등의 금속은 전부 일본에서 수입하였다고 한다. 수입 경로는 『世宗實錄』에 의하면 工曹에서 濟用監에 소장한 포목으로 일본 상인한테서 바꾸어왔다고 기록하고 있다.8)

세종 6년(1424)에 이르러서야 조정에서는 全羅道 龍潭銅里鄕·慶尙道 金海沙邑橋·昌原北背洞 등의 장소에서 동, 철을 채굴해 제련하라고 명하였지만 제련해낸 양은 아주 적었다고 한다. 全羅道 龍潭銅里鄕에서는 20명의 군인을 동원하여 7일 동안에 동 11냥을 제련해냈고 慶尙道 金海沙邑橋에서는 30명의 군인을 동원해 13 일 동안에 19 냥을 제련해냈다고 했다. 또한 慶尙道 昌原北背洞에서는 30명 군인이 15일간에 57냥의 동, 58냥의 납을 제련해냈고 1말 7되의 동과 납이 섞인 광석을 캐냈다고 한다.9)

---

7) 權近,「鑄字跋」,『국역 동문선』제103권, 민족문화추진회편, 1998, vol.8, p.158. "永樂元年春二月 (中略) 然其供費 不宜斂民 予與親勳臣僚有志者共之 於是悉出內帑"

8) 『世宗庄憲大王實錄』권21, 五年 癸卯 九月 甲辰條,『朝鮮王朝實錄』, 국사편찬위원회, 1955, vol.2, p.557. "戶曹啓 鑄鐵銅鑞 工曹專掌 以濟用監正布買于倭客 以爲恒式"

9) 『世宗庄憲大王實錄』제26권, 六年 甲辰 十一月 丁亥條,『朝鮮王朝實錄』, 국사편찬위원회, 1955, vol.2, p.637. "銅鐵産處試驗 全羅道龍潭銅里鄕役軍人二十名 七日鼓鑄銅十一兩 慶尙道金海沙邑橋軍人三十名 十三日鼓

그 후 2년 여 동안 채굴 실험을 한 결과, 慶尙道 昌原府, 黃海道 遂安·長淵 등 세 곳에 동, 철광석이 있다는 것을 확인하였다. 世宗 8년(1426)에 戶曹의 제의로 해마다 慶尙道 昌原府에서는 100근, 黃海道遂安·長淵에서는 각기 50근 씩 바치게 하였는데 그 양은 아주 적었다. 이러한 상황에서도 戶曹는 특별히 "만일 작업하기를 꺼려 사서 공납에 대충하는 자가 있으면 수령이 문책을 받도록 하게"10) 한다. 아주 적은 양의 동과 철을 제련해 내기 위해 지방의 인력과 재력이 터무니없이 많이 동원되어 경제성의 측면에서 오히려 일본 상인으로부터 사는 것이 더 나았다. 그래도 나라에서 많은 돈을 써 가면서 제련을 계속한 것은 동을 제련하여 자급자족을 하기 위한 것 이 아니라 수입에 의존하는 것에서 다소나마 벗어나기 위해서였다. 이와 같이 조선시대에는 동이나 철과 같은 금속이 부족했고 대부분 은 일본에서 수입하는 상황이었던 것이다.

주자소를 설립할 때 大字를 주조하기 위해 "內府에서 동과 철을 많이 내놓았으며, 신하들에게도 명하여 동과 철을 헌납"11)하도록 하 였고 "이리하여 內帑金을 다 내어 주기"12)까지 했다. 주자소를 설립 하기 위해 왕실의 모든 동과 철을 사용하였지만 여전히 모자라 신하 들로 하여금 동과 철을 헌납하게 한 것이다. 주자소를 설립하기 위

　　鑄十九兩　昌原北背洞軍人三十名　十五日鼓鑄五十七兩　帶銅生鉱石一斗 七升　鼓鑄鉱五十八兩"
10)『世宗庄憲大王實錄』제31권, 八年 丙午 三月 甲寅條,『朝鮮王朝實錄』, 국사편찬위원회, 1955, vol.3, p.15. "戶曹啓　銅鐵買于倭人　固非永久之 計　請于産銅慶尙道昌原府一百斤　黃海道遂安　長淵各五十斤　每年鼓鑄 上納　除昌原貢正鐵四百斤　遂安二百斤　長淵炭七十石　別紋席三十張　如 有憚于功役　貿易充貢者　守令論罪"
11) 權近, 「鑄字跋」,『국역 동문선』제103권, "多出內府銅鐵　又命大小臣僚 自願出銅鐵以支其用"
12) 權近, 「鑄字跋」,『국역 동문선』제103권, "于是悉出內帑"

해 필요했던 동과 철의 수요양이 엄청난 규모였다는 것을 알 수 있다. 이것이 바로 대신들이 '힘들다(難成)'는 직접적 이유가 되었고 나라의 재산을 소진해 국력이 쇠퇴할 것을 걱정하는 원인이 되었던 셈이다.

(3) 논쟁의 결과

앞서 太宗의 주자소 설립 제안 문제를 놓고 조정에서는 벌렸던 치열한 논쟁의 결과는 무엇이며, 어떤 과정을 거쳤는지에 대해 살폈다. 즉 太宗의 주장이 관철되어 주자소가 설립되었고 大字주조 작업도 순탄하게 진행될 수 있었다. 이에 대해 조정의 대신들이 양보한 셈이 되었다. 하지만 주자소는 설립되었음에도 불구하고 대신들의 고집으로 말미암아 주자소 설립에 들어가는 비용은 나라의 돈은 한 푼도 사용되지 않았고 백성들로부터도 어떤 갹출도 없었다. 太宗이 대신들과 쟁론을 할 때 태종은 대신들이 반대하는 결정적인 이유는 방대한 재정적 지출 때문이라는 것을 알고 주자소 설립과 경비 해결 문제를 나누어 접근하였기 때문에 대신들이 주자소 설립을 더 이상 반대할 수 없었던 것이다. 주자소를 설립하여 大字를 주조하는 데는 엄청나게 많은 동이 필요하였지만 그때 당시 조선은 동을 생산하지 못했고 거의 수입에 의뢰하였기에 동이 아주 희귀한 상황이었다. 그러므로 주자소의 설립은 당시 국가경제와 국민생활에 악영향을 줄 가능성이 컸던 것이다. 대신들의 이런 걱정에 대해서 太宗은 대신들과 논쟁을 하면서도 충분히 고려하였다. 이러한 것을 기반으로 하여 태종은 더 높은 차원에서 주자소 설립이 국가경제와 국민생활에 끼치는 악영향과 주자소설립의 중대한 문화적 가치에 대해 종합적으로 고려한 뒤, 문화 사업에 대한 열성으로 개인적인 이해를 떠나 주자소 설립이라는 나라의 문화 건설작업을 진행한 것이다.

2. 주자소의 소속과 편제

1) 소속과 성격

　조선조 초기에 반포한 국가 정치 제도 典籍인『經國大典』에는 주자소 기구에 관한 기록이 없기 때문에 주자소 설립 초기의 구체적인 소속, 성격 등에 관한 구체적 상황은 후세의 기록에 근거해 이해할 수밖에 없다. 조선왕조 후기에 편찬한『增補文獻備考』에는 주자소와 관련된 사실을 모두 '校書館' 뒤에 부록으로 기록하였으므로13) 주자소는 校書館 소속으로 보이는데 이것은 조선 후기 주자소의 소속 상황과 일치한다.

　校書館은 太宗 원년(1401), 즉 주자소 설립 2년 전에 설립되었다.『東國輿地備考』에 校書館은 太祖 원년(1392)에 설립한 校書監과 書

---

13)『增補文獻備考』권220, 「職官考」7, 校書館條 참조.

籍監을 합병하여 설립한 기구14)라고 기록하고 있다. 『增補文獻備考』
에는 書籍監은 校書館 설립전에 해제하였기에 校書館은 校書監의
계승이라고15) 기록을 하였다. 이 두 가지 기록 가운데 어느 것이 정
확한 것인지는 아직 더 고증해 봐야 할 것이다.

　　校書館에는 提調二員으로 구성되는데 그 중 한 사람은 관례에 따
라 大提學이 겸임하였고 判校一員은 관례에 따라 기타 관원이 겸임
하였으며 별도로 전문관원을 배치하지 않았다.그 외에도 校理 한 사
람, 別坐한 사람, 別提 두 사람, 博士 두 사람, 著作 두 사람, 正字
두 사람, 副正字 두 사람을 배치하였다.16)

어쨌든 校書館의 주요 직무는 校書監을 계승한 것으로 보인다.

　　서적의 인쇄, 발행 및 나라의 여러 가지 제사와 관련된 행사를 관장
하였다.17)

교서관은 12寺 이상으로 藝文館·成均館과 함께 ‘3館’으로 불렸
다. 주자소는 校書館 소속의 공식 국가 기구이지만 이것은 단지 주
자소 설립 중, 후기 상황의 반영일 뿐, 설립 초기에는 그 위상이 이
와 동일하지는 않았다. 주자소와 관련된 世宗 때의 기록을 보면 주
자소 설립 초기에는 校書館 소속이 아니었고 그 성격도 단순한 국
가 기구가 아니었던 것으로 보인다. 『世宗實錄』卷70에 있는 다음의

---

14) 『東國輿地備考』, 校書館條, 협진문화사, 1956, pp.45～46. “國初置校書監
　　掌印頒經籍及香祝印篆之任 又置書籍監 太宗元年 合爲校書館”
15) 『增補文獻備考』권220, 「職官考」7, 校書館條, “太祖元年 (中略) 又置書
　　籍監 令一員 丞二員 錄事二員 后革”
16) 『增補文獻備考』권220, 「職官考」7, 校書館條 참조.
17) 『東國輿地備考』, 校書館條, “掌印頒經籍及香祝印篆之任”

기록을 보기로 하자.

> 임금이 말하기를, "주자소(鑄字所)는 처음 설립할 때부터 대궐 안의 아문(衙文)으로 삼았고, 관원을 임명하여 역사를 독려하게 하였으며, 모두 승정원으로 하여금 이를 주관하게 했는데, 관사(官司)가 대궐 밖에 있으므로, 왕래하면서 계품(啓稟)하매, 일이 지체된 것이 많았다"고 하였다.[18]

이 자료를 볼 때, 주자소 설립 초기에는 직접 군주에 소속된 왕궁 내의 한 기구였다는 것을 알 수 있다. 그 성격도 순수한 국가 기구가 아니었고 군주 개인을 위하는 기구였을 것으로 추측된다. 보통 주자소 관원의 임명, 주자소의 각 항 사업의 진행은 모두 왕에 소속된 承政院에서 관장하였다.

주자소가 왕궁 내부에 있는 임금의 개인적 기구라면 마땅히 왕궁 내부에 설립해야 했을 것이다. 그럼에도 불구하고 왕궁 밖에 설립하였기 때문에 일이 지체되는 상황이 발생하곤 했다. 주자소 설립 초기에는 도읍지가 개성이었고 주자소 설립 2년 후, 즉 太宗 5년(1405) 10월에는 漢陽으로 천도하였기 때문에 주자소 소재지를 왕궁 밖에 설립했다는 사실만을 가지고 볼 때, 그 정확한 시기를 가름하기는 어렵다.

이미 논의한 바와 같이 주자소의 설립 목적은 서적이 적어 유생들이 많이 읽을 수 없는 문제를 해결하기 위한 것이므로 주자소는 마땅히 국가 기구여야하며 소재지도 왕궁 밖에 있어야 했다. 그러나

---

18) 『世宗庄憲大王實錄』 제70권, 十七年 乙卯 十月 丁巳條, 『朝鮮王朝實錄』, 국사편찬위원회, 1955, vol.3, p.219. "上曰 鑄字所自初設立爲闕內衙門 差官督役皆令承政院主之 而司在闕外 往來啓稟 事多稽緩"

太宗이 주자소를 설립하여 大字를 주조하는 제안이 조정의 대신들의 반대를 받았기 때문에 太宗은 할 수 없이 직접 경비를 댈 수밖에 없었다. 주자소의 이런 이중적 성격으로 말미암아 '內衙外司'의 국면을 초래하였다. 즉 설립 초기에 주자소의 성격은 왕 개인의 소유이면서 그 설립 목적은 당시 지식인을 위한 기구였다는 것을 알 수 있다.

주자소의 설립은 大字 주조 작업과 밀접한 연관도 있지만 그렇다고 大字 주조를 위해서만 주자소를 설립한 것은 아니었다. 太宗의 주자소 설립 제안에 이런 주자를 이용해 '서적을 얻는 대로 반드시 이를 인쇄하여 널리 전파하려고 하는' 내용이 포함되어 있는 점으로 보아, 주자소는 주자활동 및 인쇄활동과 시종 맥을 같이 하는 영구적인 기구였던 것이다.

2) 기구의 편제

설립 초기에 주자소는 임금이 직접 관리하는 '關內衙門'이었지만 왕궁 내에는 이에 상응한 기구를 설립하지 않고 구체적인 사무를 보는 기구는 왕궁 밖에 설립했다. 주자소는 최고 관리부서가 없는 '內衙外司'의 기구였던 것이다. 다시 말해 설립 초기에 주자소의 편제는 동일한 주자소의 '官'과 '吏'로 분리되어 있는 상황이었다.

관련책임자(官) 임명에 대해 權近은 『鑄字跋』에서 다음과 같이 기록하고 있다.

> 判司平府事 李稷·知申事 朴錫命·右代言 李膺 등에게 命하여 大字를 주조하는 일을 감독하게 하였으며, 軍資監 姜天·長興庫使 金莊侃·代言司注書 柳荑·壽寧府丞 金民·校書着作郎 朴允英 등에게 명하여 관장하게 하였다.[19]

주자소 설립 작업 때 함께 진행된 大字 주조 작업에도 그 관련 책임자를 따로 임명했다는 것이다. 이 기록 가운데 나오는 '命'자를 통해서 주자소를 관리했던 관료는 임금이 承政院을 통해 직접 임명하였다는 것을 알 수 있다. 임명할 때는 현임 관식만 언급하였고, 그 직책을 설명할 때 동사 '監'·'掌'을 썼으며 전문 주자소에 속하는 관직 명칭이 드러내지 않고 있다. 이런 사실로부터 주자소의 관료편제는 임시적인 체제만 설립하였을 뿐, 정식으로 임명된 관리는 없었음을 알 수 있다. 즉 주자 주조와 주자로 서적을 인쇄하는 등 구체적인 작업이 있을 때만 관청에서 임시로 일부 관원을 뽑아 관리하였고 일이 끝나면 원래 직위로 돌아가 주자소에서 상설 관직을 담임하지 않았다. 주자소의 관료 편제는 비록 임시적이기는 하지만 일이 있을 때만 설치하고 일이 없을 때에는 해체하는 그런 완전한 비상설기구는 아니었다. 그것은 '闕內衙門'으로서의 이런 관료체제 이외에도 '司在闕外'로 '吏'의 편제도 있었기 때문이다.

주자소를 설립할 당시의 '闕外' '吏'의 편제에 관한 기록은 비록 찾아 볼 수 없다. 하지만, 世宗 17년 10월 주자소의 기구 조정을 하기 이전의 자료에서 주자소에 상설한 吏의 편제가 형성되었다는 것을 알 수 있다. 『世宗實錄』5년 8월의 기록을 보면, 세종이 『通鑑續

---

19) 權近, 「鑄字跋」, 『국역 동문선』 제103권, "命判司平府事臣李稷 知申事臣朴錫命 右代言臣李膺等監之 軍資監臣姜天 長興庫使臣金莊侃 代言司注書臣柳荑 壽寧府丞臣金民 校書着作郎臣朴允英等掌之"

編』을 활자로 인쇄한 '주자소의 僧人·書員·齊郎' 등에게 綿布 74필, 正布 52필을 상으로 주었다는 내용이 보인다.[20] 僧人·書員·齊郎 등 吏員앞에 '鑄字所'라고 명확히 써놓은 것을 보면 모두 주자소 편제의 직위라는 것을 알 수 있다. 『世宗實錄』7년 7월의 기록을 보면 吏曹가 다음과 같이 啓奏했다고 기록하고 있다.

이조에서 계하기를, "校書館書員은 鑄字所에 일하는 임원인데, 교서관 서원이라고 일컫는 것은 불편합니다. 이제부터는 주자소 서원이라고 고쳐 일컫는 것이 사리에 합당할 듯합니다."하니, 그대로 따랐다.[21]

이 기록을 통해 주자소의 書員은 校書館에서 뽑아왔다는 것을 알 수 있다. 『世宗實錄』 12년 2월에는 다음과 같이 기록하고 있다.

예조에서 의례 상정소(儀禮詳定所)와 함께 의논한 봉상 판관(奉常判官) 박연(朴堧)이 상서(上書)한 조건(條件)을 아뢰었다. (中略) 박연이 또 말하기를, "(中略) 우리 나라에서는 좌우방 재랑(左右房齋郎)을 두어, 좌방(左房)은 등가(登歌)의 자리를 갖추도록 하고, 우방(右房)은 문무(文舞)의 자리를 갖추도록 하며, (中略) 본래부터 음(音)을 알지 못하므로 귀머거리와 다름이 없습니다. 또 모두가 이전(吏典)으로서 거관(去官)한 사람들이라 나이 이미 때가 지났고, 생각이 여러 갈래로 갈리며, 또 도필(刀筆)의 사무를 겸하고 있으므로, 저곳과 이곳의 일을 하게 되어 영사(令史)의 임무를 대신하니, 들락날락하게 되어 한

---

20) 『世宗庄憲大王實錄』 제21권, 五年 癸卯 八月 丁巳條, 『朝鮮王朝實錄』, 국사편찬위원회, 1955, vol.2, p.552. "印『通鑑續編』鑄字所僧人 書員 齋郎等 命總給綿布七十四匹 正布五十二匹以賞之"
21) 『世宗莊憲大王實錄』 제29권, 七年 乙巳 七月 壬午條, 『朝鮮王朝實錄』, 국사편찬위원, 1955, vol.2, p.681. "吏曹啓 校書館書員於鑄字所供任而稱校書館書員 未便 自今改稱鑄字所書員 庶合事理 從之"

가지 일에만 전심할 수가 없사옵고, 제사 때가 임박해서야 비로소 한
데 모이게 되오니, 이래서는 성공을 바라기 어렵습니다. 이제 예조에
서 이러한 도필 재랑(刀筆齋郎)을 모두 본 소임에로 돌려보내어, 저희
들의 하는 일에만 전심하게 하되, 다만 주자소(鑄字所)만은 그대로 두
었습니다."22)

이 기록은 주자소의 齊郎은 禮曹左右房에서 뽑아왔다는 것을 말
해준다.『世宗實錄』14년 8월에는 다음과 같이 기록하고 있다

한성부에서 아뢰기를, "중의 무리들이 도성(都城) 안팎에서 물건을
판매하며 횡행하면서 군역(軍役)을 면하려고 하니, 지금부터는 선종
(禪宗)·교종(敎宗)과, 귀후소(歸厚所)에서 매골(埋骨)하는 중과, 서책
(書冊)을 장정(粧幀)하고 주자소(鑄字所)하게 각자(刻字)하는 중과, 한
증소(汗蒸所)와 별요(別窯)의 중 이외의 임무가 없는 중은 모두 논죄
하고 군대에 충당하소서."하니, 그대로 따랐다.23)

이 기록을 통해 주자소의 刻字僧은 전임 직위라는 것을 알 수 있다.
요컨대, 주자소 설립이후 세종 17년에 주자소 기구를 조정하기 전
에 주자소는 이미 僧人·書員·齊郎으로 구성한 吏의 상설 편제를

---

22)『世宗庄憲大王實錄』 제47권, 十二年 庚戌 二月 庚寅條,『朝鮮王朝實
　　錄』, 국사편찬위원회, 1955, vol.3, p.219. "禮曹與儀禮詳定所議奉常判官
　　朴堧上書條件以啓 堧云 (中略) 我朝設左右房齋郎 以左房備登歌之位
　　右房備文舞之位 然素不知音 與聾無異 又皆吏典 去官年已過時 志慮多
　　歧 且兼刀筆之務 彼此相役以代令使之任 或出或入 不得專心 臨祭之時
　　始合一 以此責成難矣 今禮曹將此刀筆齋郎盡還本任 俾專所業 但鑄字
　　所未除耳"
23)『世宗庄憲大王實錄』 제57권, 十四年 壬子 八月 壬寅條,『朝鮮王朝實
　　錄』, 국사편찬위원회, 1955, vol.3, p.410. "漢城府啓 僧徒等於都城內外興
　　販橫行 窺免軍役 自今除禪敎宗歸厚所埋骨 書冊妝幀 鑄字所刻字 汗蒸
　　別窯僧外 無所任僧並論罪充軍 從之"

갖고 있었다. 비록 이런 吏는 기타 부서에서 뽑아왔지만 관료들처럼 일이 끝나면 원래 직위로 돌아가는 것이 아니고 남아서 계속 주자소의 일상 사무를 보았던 것이다. 이런 과정을 통해서 이후 주자소는 완전한 '吏'의 편제 체계로 형성되었다. 『世宗實錄』16년 甲寅 11월 壬辰條에 世宗이 '鑄字匠人'의 식구들에게 '月料'[24]를 준 적이 있다는 기록이 있는 것을 보면, 이런 '吏' 이외에도 주자소에 전문 匠人도 있었다는 사실을 알 수 있다.

'闕內衙門'의 하나였던 주자소의 사무 편리를 위하여 관련된 많은 吏員·匠人들은 왕궁에 출입할 수 있었다. 『世宗實錄』5년 정월 丙午條를 보면, 兵曹에서 당시에 왕궁을 마음대로 드나들 수 있는 사람에게 符節을 발급하였다고 했다. 그 기록에 의하면 三軍鎭撫所·集賢殿·鑄字所 등의 기구에 모두 165개의 符節[25]만을 발급했다는 사실로 미루어 주자소 소속된 구체적 인원은 확인할 수 없지만 단지 적은 주자소에 관련된 인원이 많지 않았다는 것을 알 수 있다.

---

24) 『世宗庄憲大王實錄』 제70권, 『朝鮮王朝實錄』, 국사편찬위원회, 1955, vol.3, p.656. "上曰 初給鑄字匠人妻子月料 重其事也"
25) 『世宗庄憲大王實錄』 제19권, 五年 癸卯 正月 丙午條, 『朝鮮王朝實錄』, 국사편찬위원회, 1955, vol.2, p.522. "兵曹 闕內出入人信符 (中略) 三軍鎭撫所 集賢殿 鑄字所並一百六十五"

3. 주자소의 주요 활동

1) 癸未字의 주조

(1) 주조 과정

태종의 주자소 설립 제안은 구체적으로 '範銅字' 주조로 전개되었다. 따라서 동활자 주조는 주자소 설립 이후 첫 작업이 되었다. 權近은 「鑄字跋」에서 동활자 주조 상황을 다음과 같이 기록하고 있다.

영락(永樂) 원년 봄 2 월에, 전하(殿下) 께옵서 좌우의<신하에게> 이르시기를, "(中略) 그러나 그에 지공(支供)되는 비용을 백성에게서 거둬 내는 것은 부당하니, 내가 종친(宗親)·훈신(勳臣) 등 신료(臣僚)들 중에 뜻있는 자와 더불어 이를 같이 하면, 거의 성취할 수 있을 것이다." 하였다. 이리하여 내탕금(內帑金임금이 사사로 두고 쓰는 재물)을 다 내어 주고, 판사평부사(判司平府事) 신 이직(李稷)과 여성군(驪城君) 신 민무질(閔無疾)과 지신사(知申事) 신 박석명(朴錫命)과 우대언(右代言) 신 이응(李膺) 등에게 명하시여, 이를 감동(監董)하게 하시고, 군자감(軍資監) 신 강천주(姜天霔)와 장흥고사(長興庫使) 신 금장간(金莊侃)과 대언사주서(代言司注書) 신 유이(柳荑)와 수녕부승(壽寧府丞) 신 김위민(金爲民)과 교서저작랑(校書著作郞) 신박윤영(朴允英) 등에게 명하시어 이를 관장하게 하셨고, 또 경연(經筵)에 소장한 고주시서(古註詩書)와 좌씨전(左氏傳)을 내서 자본(字本)으로 삼게 하

여 그 달 18 일부터 주조(鑄造)하기 시작한 것이 수개 월 사이에 수
십 만 자나 되는 많은 숫자에 이르렀다.[26)

　동활자 주조 작업을 하는 인원은 太宗이 직접 임명하였는데 분담
상황을 보면 判司平府事 李稷·驪城君 閔無疾·知申事 朴錫命·右
代言 李膺 등 네 사람이 동활자 주조 작업 진행을 감독 관리하는
일을 책임졌고, 軍資監 姜天霆·長興庫使 金莊侃·代言司注書 柳
荑·壽寧府丞 金爲民·校書著作郎 朴允英 등 다섯 사람은 동 활자
주조 작업을 관장하였다. 동활자는 永樂元年 2월 19일(太宗 3년,
1403)에 주조하기 시작하여 같은 해 연말에 끝났는데 모두 동활자를
수십만 개 주조하였다. 그 글자체와 크기는 經筵에 소장한 古籍『詩
經』·『書經』 및 『春秋左氏傳』의 글자를 표준으로 삼았다. 동활자
주조에 필요한 자금을 충당하는 문제 있어서 동은 太宗과 동활자
주조를 지지하는 소수의 '親勳臣僚'들이 부담했고 대부분을 太宗 한
사람이 왕궁의 재산을 다 털어 자금을 댔다.

---

26) 權近, 「鑄字跋」, 『국역 동문선』 제103권, 민족문화추진회편, 1998, vol.8,
　　pp.158～159.
　　"永樂元年春二月 (中略) 然其供費 不宜斂民 予與親勳臣僚有志者共之
　　庶有成乎 於是悉出內帑 命判司平府事臣李稷 驪城君臣閔無疾 知申事
　　臣朴錫命 右代言臣李膺等監之 軍資監臣姜天霆 長興庫使臣金莊侃 代
　　言司注書臣柳荑 壽寧府丞臣金爲民 校書着作郎臣朴允英等掌之 又出經
　　筵古注詩　書 左氏傳以字本 自其月十有九日而始鑄 數月之間多至數十
　　萬字·是年後十一月初吉·權近拜手稽首敬跋"

(2) 주조 방법

癸未字 주조 방법은 당시에 기록을 남기지 않았기에 현재로서는 成俔의 『慵齋叢話』의 관련 기록으로 추정할 수밖에 없다. 이와 관련된 『慵齋叢話』의 살펴보면 다음과 같다.

> 대개 주자하는 법은 먼저 황양목(黃楊木)을 써서 글자를 새기고, 해포(海蒲)의 부드러운 진흙을 평평하게 인판에다 폈다가 목각자(木刻字)를 진흙 속에 인착하면 찍힌 곳이 옴폭 들어가서[凹] 글자가 되니, 이때에 두 인판을 합하고 녹은 구리를 한 구멍으로 쏟아 부어 흐르는 구리액이 움푹 들어간 곳에 들어가서 하나하나 글자가 되면 이를 깎아서 정제한다.27)

이 기록을 통해 주자소 설립초기부터 鑄物沙 이용한 주조술이 사용되었다는 것을 알 수 있다. 먼저 '木刻字를 진흙 속에 인착'하고 다음에 '두 인판을 합했다'는 내용을 볼 때, 이는 주자 기술 개량을 진행한 세종 이후의 주자 방법에 대한 記述이라고 짐작된다. 이런 방법으로 주조해 주자의 밑 부분은 반듯하게 했던 것이다. 사료 기록에 의하면 癸未字의 밑 부분의 모양은 錐型, 凹型 그리고 불규칙형세 가지가 있었다고 한다. 癸未字의 주조 방법은 『慵齋叢話』에 있는 기록되어 있는 것과는 약간의 차이가 있었던 것이다.

계미자의 구체적인 주조 과정을 보이면 다음과 같다.

---

27) 成俔, 『慵齋叢話』권7, 『國譯大東野乘』권2, 민족문화추진회, 1971, vol.1, p.177. "大抵鑄字之法 先用黃楊木刻諸字 以海蒲軟泥平鋪印板 印着木刻字於泥中 則所印處凹而成字 於是合兩印板 鎔銅從一穴瀉下 流液分入凹處 一一成字 遂刻剔重複而整之"

가.

밑 부분이 錐型이거나 凹型인 癸未字 주조 방법은 먼저 黃楊木으로 주자의 모양, 즉 印面의 글자 그리고 밑 부분의 모양(錐型 또는 凹型)을 새긴다. 그 다음에 준비한 두 개의 印版을 海蒲軟泥 위에 펴놓고, 새긴 黃楊木의 글자面을 위로 혹은 아래로 하여 印版의 海蒲軟泥에 절반 쯤 꽂아 넣는다. 그리고 다른 한 印版을 수직으로 덮어 씌웠다가 다시 들어올린다. 그러면 글자面, 네 변두리 그리고 밑 부분의 모양이 다 두 개의 印版에 나타나게 한다. 그 후에 해야 할 灌鑄 방법과 글자를 다듬는 방법은 『慵齋叢話』에 기록된 것과 동일하다.

나.

밑 부분이 불규칙적인 이 癸未字를 주조하기 전과 주조 후의 방법에 대한 것은 『慵齋叢話』에 기록한 것과 거의 같다. 먼저 두 개의 印版을 맞붙이고 다음에 남긴 구멍으로 灌鑄할 필요 없이 직접 녹인 銅液을 자형이 찍힌 印版에 부어 넣으면 된다. 학자들이 실험한 경험에 의하면 주자과정에 제일 복잡하고 힘든 것이 바로 녹인 銅液을 남겨놓은 구멍으로 부어넣는 것[28]이기 때문에 이런 방법은 채용한 것으로 보인다. 주자 밑 부분에 대한 요구가 정해지지 않았다면 이런 과정을 거칠 필요가 없는 것이었다.

이와 같은 두 가지 방법 중에서 과연 어느 것이 癸未字 주조 방법과 동일한 것인지는 癸未字의 밑 부분 모양이 확정된 다음에야

---

28) 曹炯鎭, 「용재총화 주자소 기사의 실험적 해석」, 『서지학연구』5·6, 1990, pp.300~330.
　　曹炯鎭, 「한국 초기금속활자의 鑄造 組版 印出기술에 대한 실험적 연구」, 중앙대학교 대학원, 1995.

판단을 할 수 있을 것이다. 癸未字 印本의 글자체를 놓고 볼 때 같은 글자끼리도 어떤 것은 筆劃 구조도 거의 같고, 어떤 것은 筆劃 구조에 많은 차이를 보이고 있다. 같은 것은 동일한 자형으로 주조했고 같지 않은 것은 다른 자형을 사용했다는 사실을 말해주는 것이다. 또한 이를 통해 같은 글자라도 사용한 癸未字의 자형은 여러 개였다는 사실을 알 수 있다.

(3) 명칭의 변천

　太宗 3년에 처음으로 주조된 동활자에는 '癸未字'라는 명칭을 부치지 않았다. '癸未字'에 대해 명칭이 드러나기 시작한 것은 世宗 16년(1434) 7월 丁丑 이후의 기록부터이다. 여기서 세종이 知中樞院事 李蕆과 議事할 때 "태종이 주자소를 세우고 大字를 주조했다."29)라는 해서 그 구체적인 명칭은 달지 않고 '大字'라고만 칭하였다. 그 후 세종 시기에 주자소에서 동활자가 여러 차례 주조되었는데 그때 주조된 각각의 주자를 구분하기 위하여 주조한 해의 干支을 그 명칭으로 달았다. 예를 들면 주자소에서 世宗 2년 庚子(1420)에 주조한 활자를 후세 사람들은 '庚子字'라 하였고, 世宗 16년 甲寅(1434)에 주조한 활자를 주조해 냈는데 '甲寅字'라고 하였다. 그러나 太宗 때에 주조한 동활자는 '癸未字'와 '丁亥字' 두 명칭으로 나타난다. 계미자에 대해 金宗直은 「新鑄字跋」에서 다음과 같이 기록했다.

---

29) 『世宗庄憲大王實錄』권65, 16年 甲寅 7月 丁丑條, "太宗肇造鑄字所鑄大字"

永樂癸未에 주조하였다고 하여癸未字라 했다.30)

이 인용문은 김종직이 成宗 16년(1485)에 쓴 글로 여기서 말하는 소위 '新鑄字'는 바로 成宗 갑신년(1484)에 주조한 甲辰字를 가리킨다. 다른 하나의 명칭은 成俔의 『慵齋叢話』에 보이는데 '丁亥字'라 하였다.

> 태종께서 영락(永樂) 원년(元年)에 좌우에게 이르기를, "무릇 정치는 반드시 전적(典籍)을 널리 보아야 하거늘, 우리 동방이 해외에 있어서 중국의 책이 드물게 오고 판각은 또 쉽게 깎여져 없어질 뿐 아니라, 천하의 책을다 새기기 어려우므로 내가 구리를 부어 글자를 만들어 임의로 서적을 찍어 내고 자하니 그것을 널리 퍼드리면 진실로 무궁한 이익이 될 것이니라."하시고, 드디어 고주시서(古註詩書) 좌씨전(左氏傳)의 글자를 써서 이를 주조(鑄造)하시니, 이것이 주자(鑄字)를 만들게 된 연유이며 이를 정해자(丁亥字)라 하였다.31)

『慵齋叢話』는 成宗 때에 완성되었으니 金宗直의 「新鑄字跋」과 대체로 같은 시기에 완성되었다고 할 수 있다. 永樂 癸未年, 즉 太宗 3년인 癸未年에 주자소를 설립하였고 동활자를 주조하기 시작하였다는 사실을 당시의 문헌에는 명확하게 기록을 하였다. 이에 대해 成俔도 『慵齋叢話』에서 별다른 이견을 보이지는 않는다. 이미 살핀

---

30) 金宗直, 「新鑄字跋」, 甲辰字本『治平要覽』·『纂註分類杜詩』·『陳簡齋詩集』등 권말에 수록.

31) 成俔, 『慵齋叢話』권7, 『國譯大東野乘』권2, 민족문화추진회, 1971, vol.1, pp.176~177. "太宗于永樂元年謂左右曰 凡爲治 必須博觀典籍 吾東方在海外 中國之書罕至 板刻易以剜缺 且難盡刻天下之書 予欲範銅爲字 隨所得而印之 以廣其傳 誠爲無窮之利 遂用古註詩 書 左氏傳字鑄之 此鑄字所由設也 名曰丁亥字"

바 있듯이 이때 만들어진 활자의 주조는 그 해 2월 19일에 시작해 몇 개월 동안 지속되었다고 했으니32) 추측건대 그해 안에 완성되었을 것으로 보인다. 그렇기 때문에 金宗直이 계미년에 주조하기 시작해 그 해에 완성한 동활자를 '癸未字'라 한 것은 그 활자의 명명법에 있어 이의 없이 받아들일 수 있다. 정해년은 太宗 7년(1407)으로 이때는 癸未字가 주조된 지 이미 4년이 지난 때였다. 그럼에도 불구하고 왜 '丁亥'로 그 명칭을 달았는지 선뜻 이해하기가 어렵다. 이와 관련된 기존의 논의에서는 이에 관해 두 가지 서로 다른 견해가 제시되어 있다. 그 하나는 成俔이 당시 만들어진 활자를 정해년에 주조했다고 오해를 한 것으로 보는 견해이고, 다른 하나는 成俔이 최초의 印本排印년의 간지로 명명한 것이라는 견해이다.33)

위에서 引用한 『慵齋叢話』의 原文을 볼 때, 成俔은 永樂 3년(太宗 3년)에 "드디어 고주시서(古註詩書) 좌씨전(左氏傳)의 글자를 써서 이를 鑄造"했다고 기록하고 있으니 계미자가 계미년에 주조된 사실에 대해서는 알고 있었던 것이다. 성현이 알고 있는 이런 사실은 權近의 「鑄字跋」에 근거하고 있다는 것을 다음의 인용문을 통해서 확인할 수 있다.

(a)太宗于 (b)永樂元年 (c)春二月 殿下 (b)謂左右曰 凡 (c)欲 (b)爲治 必須博觀典籍 (c)然後可以窮理正心 而致修濟治平之效也 (b)吾東方在海外 中國之書罕至 板刻 (c)之本 (b)易以剜缺 且難盡 (c)刊刻 (b)天下之書 (c)也 (b)予欲範銅爲字 隨所得 (c)書 必就 (b)而印之 以廣其傳 誠爲無窮之利

---

32) 權近, 「鑄字跋」 참조.
33) 이와 관련된 논의는 윤상기의 「한국 고활자명에 대한 연구」(『東義論集 (인문사회과학편』24, 동의대학교, 1996, pp.201~255.)가 참고 된다.

윗글에서 (b)와 (c)는 權近의 「鑄字跋」 원문이고 (a)와 (b)는 成俔의 『慵齋叢話』 原文이다. (b)는 성현의 『慵齋叢話』와 權近의 「鑄字跋」에서 같은 부분이다. 이와 같이 두 문헌의 내용을 비교해 보면, 成俔이 기술한 太宗 때의 주자 내용은 權近의 「鑄字跋」을 바탕으로 이루어졌다는 확신을 얻을 수 있다. 그가 權近의 「鑄字跋」을 보았다면 주자 주조 작업은 단지 몇 개월만 지속했다는 사실을 이미 알았을 것이다. 또한 성현은 태종 당시에 주조된 주자의 주조 年代 및 주조 시작 시기, 그리고 그 완료 시기에 대해서 오해하지 않았을 것이다.

태종 때 주조한 동활자에 대해 成俔이 최초의 印本排印년의 간지로 명명한 것으로 보는 논의는 癸未字 印本인 李崇仁의 『陶隱集』과 연관시켜보는 견해이다. 이 논의의 근거는, 權近의 『陽村集』卷20에 의하면, 『陶隱集』이 인쇄된 연대는 太宗 6년 10월에 조판 인쇄된 것으로 알려져 이것은 제일 처음으로 조판 인쇄한 책일 것이라는 데 바탕을 둔 것이다. 이는 인쇄된 책이 완성된 年代는 太宗 7 년 丁亥年일 가능성이 높기 때문에 成俔이 '丁亥字'라고 명명하였을 것이라고 보는 것이다. 그러나 이러한 추측은 가능성을 제시할 뿐이지 어떤 자료에 근거를 둔 논의는 아니다. 『慵齋叢話』에 기록된 주자 관련 자료를 전체적으로 살펴보면 주자에 대해 먼저 주조과정과 年代를 기록한 뒤, 그 명칭을 기록하였고 인쇄에 관한 기록은 아예 없다. 이로 보아 인쇄 年代와 주자의 명칭사이에는 아무런 관계도 없었다는 사실을 알 수 있다. 소위 정해자라고 할 때 丁亥는 조선 太宗 7년 丁亥(1407)를 말하는 것인지, 아니면 고려 忠武王 3년 丁亥(1347)를 말하는 것인지에 대해서는 재론을 필요로 한다.

태종 때에 사용되었던 동활자를 成宗 이후로는 癸未字라고 불렀다. 癸未字의 印本에 활자가 큰 것과 작은 것 두 종류가 있었기 때문에 사람들은 癸未 大字, 癸未 小字로 구분하여 불렀다. 후에 癸未字의 印本에 小量의 계미 小字보다 더 작은 特小字가 나타났는데 현재까지 이에 대한 구체적인 명칭이 없다.

(4) 癸未字의 모양

현존하는 癸未字 實物이 없기에 그 모양에 대해서는 인쇄된 癸未字本이나 문헌기록으로 考證할 수밖에 없다. 癸未字의 글자체는 입방체 모양으로 인쇄면, 네 변두리, 밑 부분에 대한 구체적인 형상을 가름해보면 다음과 같다.

가.

字面의 크기: 癸未字의 印本을 측정한 결과, 半葉의 안쪽은 길이 23.4센티미터, 넓이 14.3센티미터이다. 半葉의 行字 수는 대자인 경우 8行에 17자이고, 小字인 경우 16행 20자이다. 대자는 23.4÷17＝1.38, 14.3÷8＝1.8 즉, 길이는 1.38, 넓이는 1.8을 넘지 않았을 것이다. 각 인쇄판의 절반에 세로로 7개의 界線이 있었다고 하고 界線의 두께 0.1센티미터를 계산한다하여도 넓이는 1.7을 넘지 않을 것으로 보인다. 23.4÷20＝1.17, 14.3÷16＝0.9이기 때문에 小字의 길이는 1.17을 넘지 않을 것이고 7개의 欄을 고려하여도 0.8을 넘지 않을 것이다. 『韓國主要活字年表』34)에서는 大小活字의 양과 수치에 대해 大字 1.4×1.1센티미터, 小字1.0×0.8센티미터라고 기록해 놓았고, 『韓國古

---

34) 천혜봉의 『韓國典籍印刷史』(범우사, 1990.)에 실려 있는 부록을 참조했다.

活字年表』35)에도 大小活字의 측량 수치에 대해 大字 1.4×1.1센티미터, 小字1.0×0.8센티미터라고 했다.

나.

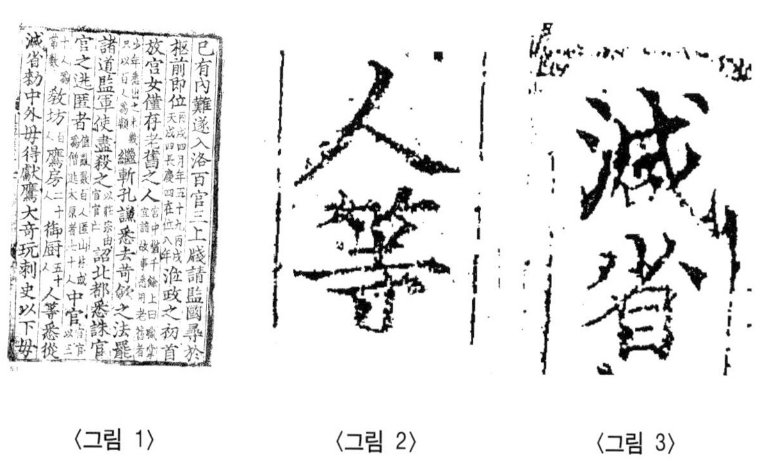

<그림 1>   <그림 2>   <그림 3>

側面의 모양: 卞季良의 「鑄字跋」에 "然其始鑄字樣有未盡善者"36)라고 하였고 成俔의『慵齋叢話』에도 "주조한 글자가 크고 바르지 못하다"37)고 한 것으로 봐서 癸未字의 네 변두리는 불규칙적이었다는 사실을 알 수 있다. 癸未字의 印本에 대한 관찰을 통해서도 이와 같은 사실을 짐작할 수 있다. 국립 중앙도서관에 소장되어 있는 癸未字 印本<그림 1>은 『十七史纂古今通要』卷17 제13엽의 印面절반으로 7行 14-15字의 '人等'<그림 2> 두 자를 주의해보면 '等'자의

---

35) 『韓國古印刷資料圖錄』의 부록
36) 卞季良, 「鑄字跋」.
37) 成俔, 『慵齋叢話』권7, 『國譯大東野乘』권2, 민족문화추진회, 1971, vol.1, p.176, "所鑄之字大而不整"

‘竹’ 頭가 ‘人’자의 좌획보다 조금 높다는 것을 알 수 있다. <그림 3>에 있는 8行 1-2字의 ‘減省’의 ‘省’자 에 있는 ‘少’의 위 부분이 ‘減’자 ‘戈’의 마지막 획보다 좀 높다는 것을 알 수 있다. 이것은 癸未字의 네 변이 글자모양에 따라 올록볼록하여 불규칙적이라는 것을 말해 준다. 만약 癸未字의 四邊이 정방형이라면 절대로 이런 모양이 아니었을 것이다.

다.

背面의 모양: 『世宗實錄』에 의하면 世宗이 李蕆과 甲寅字 개량문제를 상의할 때 癸未字에 대해 “다만 초창기(草創期)이므로 제조가 정밀하지 못하여, 매양 인쇄할 때를 당하면, 반드시 먼저 밀납(蜜蠟)을 판(板) 밑에 펴고 그 위에 글자를 차례로 맞추어 꽂는다.”라고 한 바 있다. 그리고 李蕆이 개량한 후, 그 결과에 대해 “경이 지혜를 써서 판(板)을 만들고 주자(鑄字)를 부어 만들어서, 모두 바르고 고르며 견고다”38)한다고 했다. 이런 기록으로 미루어 짐작할 때, 癸未字의 밑 부분은 원래 ‘平正牢固’한 것이 아니었다는 것을 알 수 있다. 그러나 癸未字의 밑 부분의 모양이 과연 어떤 것인지에 대해서는 지금까지 알 수 없다. 다만 錐型, 凹型 그리고 불규칙형 세 가지가 있었을 것으로 추정될 뿐이다. 成俔의 『慵齋叢話』에 “庚子字尾皆如錐”라는 기록이 보이는데 이를 근거로 癸未字의 밑 부분은 錐型이라고 보는 견해도 없지 않다. 현존하는 고려 ‘復’ 자의 밑 부분은 凹型인데 기술적 전승으로 보아서 癸未字의 밑 부분 모양도 凹型일

---

38) 『世宗莊憲大王實錄』권65, 16年 甲寅 7月 丁丑條, 『朝鮮王朝實錄』, 국사편찬위원회, 1955, vol.3, p.578. “但因草創 制造未精 每常印書 必先以蠟布於板底 而後植字於其上 (中略) 卿乃運智 造板鑄字並皆平正牢固”

가능성이 있다. 이와 달리 이 부분은 특별히 가공을 하지 않은 불규
칙적 모형일 수도 있다.

(5) 癸未小字에 관하여

현재까지 癸未字 계열에 계미 大字, 계미 小字, 그리고 癸未 特
小字 세 가지 크기의 주자가 있지만 모두 계미년에 주조된 것은 아
니다. 세종이 李蕆과 議事한 내용에 의하면 太宗 癸未년에 주자소
를 설립할 때는 大字만 주조했고[39] 小字는 다른 때에 주조된 것으
로 보인다. 成俔의 『慵齋叢話』에서는 이 주자를 "丁亥字라 하였
다"[40]고 기록을 하였는데 이는 小字 주조 年代의 반영일지도 모른
다. 앞서 논의한 바와 같이, 이 '丁亥'를 조선 太宗 7년 丁亥(1407)
를 말하는 것인지 아니면 고려 忠武王 3년 丁亥(1347)를 말하는 것
인지 즉 小字 주조시기가 대자 이전인지 아니면 이후인지를 판단을
할 수 있게 하는 사료는 없다.

현존 관련 자료를 살펴 볼 때 癸未 小字를 大字 전에 주조했을 가
능성이 농후하다. 먼저 그 첫째 이유를 살펴보기로 하자. 고대의 일
반 著述 규칙으로 볼 때 經文과 注文이 다 있는 유가 經典에는 보
통 크고 작은 두 가지 글자체가 있었다는 것은 주지의 사실이다. 보통
經文에서는 大字, 注文에서는 小字를 썼던 것이다. 權近의 「鑄字跋」
에 의하면 癸未년에 주자를 주조시 사용한 字本은 經筵에 소장한

---

39) 『世宗莊憲大王實錄』권65, 16年 甲寅 7月 丁丑條.『朝鮮王朝實錄』, 국사
　　편찬위원회, 1955, vol.3, p578, "太宗肇造鑄字所鑄大字"
40) 成俔, 『慵齋叢話』권7, 鑄字條.

'古注'『詩經』·『書經』 및 『春秋左氏傳』 등이 있었다고 했으니 만약에 그 이전 소자가 없었다면 대자의 주조시에 소자 또한 주조했어야 마땅하다. 하지만 대자만을 주조했다는 사실을 놓고 볼 때, 소자는 이미 주조된 상태였다는 것을 추측할 수 있다.

두 번째로 들 수 있는 이유는 다음과 같다. 이미 조병순이 지적한 것처럼 小字本(소자인쇄에만 쓰는 판본)을 大小字並用本과 비교해보면 小字本에서 명확히 드러난 글자와 판곽이 大小字並用本에는 좀 흐리게 나타나는 사실을 알 수 있다.[41] 만약 小字가 大字이후에 주조된 것이라면 이와 같은 현상이 나타날 수 없기 때문에 소자는 대자가 주조되기 전에 주조되었다고 볼 수 있는 것이다. 또한 조선 초기에 동활자를 주조하였다면 후에 大字를 주조할 때 이에 대한 기록이 없을 리 없기 때문이다.

이런 두 가지 이유를 바탕으로 미루어 짐작해 볼 때, 小字는 고려조에 주조했을 가능성이 농후하다고 하겠다. 小字가 고려조에 주조되었을 가능성에 대해서도 생각해보기로 하자.

가.

太祖는 조선을 개국할 때 고려왕조의 통치 機構를 그대로 수용했고 경제적인 바탕도 그대로 물려받았다. 그 가운데 일부 물품들은 있는 그대로 사용되었으며 어떤 것들은 창고에 보관된 채 방치되기도 했다. 이런 사정들은 개성에서 漢陽으로 천도했을 당시에도 마찬가지였다. 예컨대, 世宗 8년에 圖畫院의 관리가 本院에 고려왕조의 歷代 君主와 妃子의 畫像草本을 수장하고 있다는 것을 우연히 발견

---

41) 조병순, 「계미자 자수와 소자 기원에 대한 고찰」, 『계간서지학보』 제11호, 한국서지학회, 1993.

하고 급히 禮曹에 알려 世宗의 허락을 얻은 후, 畵像 草本을 불태워 버렸다고 한다.42) 고려왕을 추억하고 그 공적과 은덕을 찬양하는 물품도 30여 년이 지난 世宗 초기까지 남겨 놓았다고 하니 다른 것을 두말할 필요도 없었다. 이와 같이 고려조 때 주조한 小字도 書籍店－書籍院을 통해 조선왕조에 전해졌을 가능성도 배재할 수 없다.

나.

徐居正이 지은 『筆苑雜記』의 趙庸에 관한 일화를 통해서도 소자가 고려 때 만들어졌을 가능성을 짐작해 볼 수 있다.

문정공 조용(趙庸)은 학문이 정밀하고 깊으며, 더욱 성리학(性理學)에 조예가 깊었다. (中略) 성품이 총민(聰敏)하여 한 번 보면 모두 기억하였다. 젊을 때에 한 서생이 『원조문선책문』을 구해서 비장(秘藏)한 것을 듣고 문정공이 보기를 청하였으나, 서생이 허락하지 않다가 다른 날 다시 청하니 서생이 사흘 동안을 빌려 주었는데, 문정공이 한 번 보고 모두 기억하고는 언약과 같이 돌려주었다. 하루는 문정공이 서생과 같이 글방에 있으면서 책문 서너 편을 외우는데 한자의 착오도 없으니, 서생이 이를 우연히 익힌 것이라 하고, 여러 책문을 닥치는 대로 뽑아서 외우게 하여도 역시 이와 같이 하니, 서생이 말하기를, "공과 같은 비록 장순(張巡)이라도 미칠 수 없다." 하였다.43)

---

42) 『世宗莊憲大王實錄』 제32권, 八年 丙午 五月 壬子條, 『朝鮮王朝實錄』, 국사편찬위원회, 1955, vol.3, p.28. "禮曹據圖畵院呈 院藏前朝王氏歷代君王與妃主影子草圖 請火之 命並貞陵半影燒之"
43) 徐居正, 『筆苑雜記』권1, "趙文貞公庸學問精邃 尤深於性理之學 (中略) 性聰敏 一覽輒記 少時聞一書生得『元朝文選策問』秘之 文貞求見 生不許 他日更往求之 則生借三日 文貞一覽盡記 如約而還 一日 文貞與生同在黌舍 誦策三四道 不差一字 生以謂偶熟此而已 亂抽諸策令誦之 亦如此 生曰 如公者 雖張巡不能及也"

趙庸은 고려 恭愍王 23년(1374)에 文科에 급제한 사람이며『元朝文選策問』은 단순히 과거시험을 볼 때 쓰는 책임을 상기할 때, 최소한 이 책은 1374년 이전에 인쇄한 책이라고 확신할 수 있다.『元朝文選策問』라는 책은『新刊類編歷擧三場文選對策』의 略稱이며 癸未小字印本으로 현전하는 책으로 주로 과거시험에만 쓰이는 교재적 성격의 책이다. 때문에 이미 과거급제를 한 조용이 이 책을 과거급제한 후에 구해서 볼 일은 없었을 것이다. 따라서『元朝文選策問』은 조용이 급제하기 전인 1374년 이전에 인쇄되었을 것이라는 추론이 가능하다. 하지만 여전히 알 수 없는 문제는 趙庸의 동창에 의해『元朝文選策問』이 원나라에서 수입된 것인가의 여부이다.

2) 서적 인쇄 활동

(1) 문헌에 기록된 인쇄활동

太宗의 주자소 창립 및 초창기의 주자인쇄 활동에 대해서는 단편적인 기록만이 현전한다.『太宗實錄』을 보면 太宗 12년 4월에 이르러서야 비로소 주자 인쇄에 관한 기록이 등장한다. 여기서는 인쇄물을 중심으로 한 주자인쇄 활동에 대해 살펴보기로 한다.

① 『經濟六典』의 인쇄는 太宗 12년 4월에 시작하여 13년 3월에 완성되었다. 이에 대해『太宗實錄』은 다음과 같이 기록하고 있다.

《경제육전(經濟六典)》의 원집 상절(元集詳節) 3권(卷)과 속집 상절(續集詳節) 3권을 갱정(更定)하였다. 처음에 영의정부사(領議政府事) 하윤(河崙), 성산군(星山君) 이직(李稷)등이 《육전》의 원집 상절·속집 상절을 증손(增損) 고증(考證)하여 바치니, 임금이 좌우(左右)에게 묻기를, "이 법전이 과연 시행하여 폐단이 없을 만한가?"하였다. 병조판서 황희(黃喜)가 대답하였다. "신이 지신사로 있을 때에 이미 일찍이 참고하였고, 뒤에 참지(參知)로 있을 때에 다시 상고하였었는데, 그 조례(條例)가 조금 번다하여 받들어 시행하기에 어려운 것이 있을까 합니다."하니, 명하였다. "《원전(元典)》·《속전(續典)》을 마땅히 다시 참고하여 착오를 없앤 뒤에 바치도록 하라."이때에 이르러 하윤(河崙)이 상언(上言)하였다. "삼가 《육전(六典)》 원집(元集) 및 속집(續集)을 가지고 참고 교정하여 중복된 것은 없애고, 번다하고 쌍스러운 것은 바꾸고, 사리에 상량 의논할 것이 있으면 왕지(王旨)를 받들어 갱정(更定)하여 원집·속집을 수찬(修撰)하여 바칩니다. 엎드려 바라건대, 예람(睿覽)하고 유사(攸司)로 하여금 인출(印出)하여 반행(頒行)하도록 허락하소서."그대로 따랐다.44)

이 기록을 통해서 河崙·李稷 등은 『經濟六典』을 바탕으로 하여 『經濟六典元集詳節』과 『經濟六典續集詳節』 두 部의 새로운 行政法典을 제정한 사실을 알 수 있다. 대신들의 의견을 청취한 후, 太宗은 河崙 등으로 하여금 『經濟六典』을 새로 改訂하게 했다는 것이다. 이에 河崙 등은 元集과 續集을 제정하고 太宗으로 하여금 '攸

---

44) 『太宗恭定大王實錄』 제23권, 十二年 壬辰 四月 戊辰條, 『朝鮮王朝實錄』, 국사편찬위원회, 1955, vol.1, p.63. "更定經濟六典元集詳節三卷 續集詳節三卷 初領議政府事河崙 星山君李稷等增損考證六典元集詳節 續集詳節以進 上問諸左右曰 此典果可行之無弊乎 兵曹判書黃喜對曰 臣知申事時已曾參考 後爲參知複考之 其條例稍煩 恐有奉行之難 命曰 元典 續典當更參考 無有錯誤 然後進之 至是崙上言 謹將六典元集及續集參考讎校 去其重復 易其繁俚 其事理有可擬議者奉旨更定 修撰元集 續集以進 伏望睿覽 許令攸司印出頒行 從之"

司’에 명하여 인쇄하여 반포 시행하게 할 것을 請求하였고 太宗은
이를 허락했다는 것을 알 수 있다. 이 책은 太宗 13년 2월에 인쇄를
마치고, 반포 시행하기 시작하였다. 『太宗實錄』에 있는 이에 대한
기록을 보이면 다음과 같다.

> ≪경제육전(經濟六典)≫을 반행(頒行)하였다. 국조에 성승 조준(趙
> 浚) 등이 수판(受判)한 것의 준수(遵守)할 만한 것을 찬(撰)하여 ‘≪경
> 제육전≫’이라 명목지어 바친 것을 중외(中外)에 간행하였더니, 이때
> 에 이르러 정승 하윤(河崙) 등이 그 뜻[意]은 존속시키고 이어(俚語)
> 는 제거하여 이를 ‘≪원육전(元六典)≫’이라 하고, 또 상왕(上王)이 즉
> 위한 이래로 경제(經濟)가 될 만한 것을 골라서 뽑아 ‘≪속육전(續六
> 典)≫’이라 하여, 주자소(鑄字所)로 하여금 인출(印出)하게 하고, 중외
> 에 반포(頒布)하였다.45)

河崙 등이 새로 제정한 元集과 續集의 마지막에 『元六典』과 『續
六典』을 여전히 『經濟六典』이라 통칭하고 있으며 위에서 말한 ‘攸
司’도 여기서는 주자소라고 밝히고 있다. 지금까지 학계에서는 줄곧
이 일에 대해 『太宗恭定大王實錄』 제23권과 제25권에 실려 있는 두
기록을 각각 다른 두 가지 일에 대한 다른 기록이라고 보고 있었다.
때문에 『經濟六典詳節』을 河崙 등이 太宗으로 하여금 ‘攸司’에 명
하여 인쇄하여 반포 시행하게 한 책이라고 誤認하게 되었으며 『經
濟六典詳節』을 계미자 印本으로 간행 수단을 밝힐 수 없는 간행물

---

45) 『太宗恭定大王實錄』 제25권, 十三年 癸巳 二月 已卯條, 『朝鮮王朝實
　　錄』, 국사편찬위원회, 1955, vol.1, p.663. “頒行經濟六典　國初政丞趙浚
　　等撰受判可遵守者　目爲經濟六典以進　刊行中外　至是政丞河崙等存其意
　　去其俚語　謂之元六典　又選上王卽位以來可經濟者　謂之續六典　令鑄字
　　所印　頒佈中外”

로 잘못 판단하게 되었다. 太宗 12년 壬辰 4월 戌辰條의 관련 원문을 정확히 읽어보면 『經濟六典詳節』이란 책은 나오자마자 否定되어 간행하려는 의도가 전혀 없었으며 간행한 일은 전혀 없었다는 사실을 알 수 있다. 다음의 인용문에서와 같이, 당시 주자로 인쇄한 이 『經濟六典』은 10년 후인 世宗 8년에 『經濟六典』 新版이 발행되어 모두 회수되었던 것으로 보인다.

예조에서 계하기를, "지금 수찬색(修撰色)이 바친 ≪신속육전(新續六典)≫과 ≪원육전(元六典)≫을 청컨대 주자소(鑄字所)로 하여금 8백 벌을 인쇄해서 경외(京外)의 각 아문(衙門)에 나누어 준 뒤에 ≪구원전(舊元典)≫과 ≪속전(續典)≫을 환수(還收)하도록 하소서. (中略)"하니, 명하여 아뢴 대로 시행하게 하고, 아울러 ≪등록(謄錄)≫도 1백 벌을 인쇄하게 하였다.46)

바로 이 점이 癸未字 印本 『經濟六典』이 부전하는 원인이다.

② 太宗 12년 7월에 『十七史』(『十七史纂古今通要』)를 인쇄했다

≪太宗實錄≫12년 壬辰 7월 壬辰 條에 이렇게 기록하고 있다.

신득재(申得財)에게 쌀과 면포(綿布)를 내려 주었다. 신득재는 요동 사람[遼人]인데, 화지(華紙)를 만들어 바치매, 주자소(鑄字所)에 내려 ≪17사(十七史)≫를 인쇄했으므로 득재에게 쌀 5석, 면포 3필을 내려 주고 지공(紙工)에게 전습(傳習)하게 하였다.47)

---

46) 『世宗莊憲大王實錄』 제34권, 八年 丙午 十二月 甲戌條, 『朝鮮王朝實錄』, 국사편찬위원회, 1955, vol.3, p.53. "禮曹啓 今修撰色所進新續六典 及元六典請令鑄字所印八百件 頒京外各衙門後 收舊元續典 (中略) 命依施行 並印謄錄百本"

考證에 의하면 『十七史』는 분량이 많고 내용이 방대하여 癸未字로 전부를 인쇄한다는 것은 불가능한 일이라고 한다. 현재 서울대학교 奎章閣과 국립중앙도서관에 癸未字 印本 『十七史纂古今通要』의 제16권과 제17권이 소장되어 있다. 『太宗實錄』에서 나오는 『十七史』는 아마 이 『十七史纂古今通要』를 이르는 것일 가능성이 크다.

④ 太宗 12년 10월에 『大學衍義』를 인쇄하였다

『太宗實錄』 太宗 12년 壬辰 10월 癸未條에 나음과 같이 기록하고 있다.

> 주자소(鑄字所)에서 ≪대학연의(大學衍義)≫를 인쇄해 바치니, 공인(工人) 7명에게 각기 쌀 1석(石) 씩을 내려 주었다.48)

이 문장의 원문은 ‘鑄字所引大學衍義以進인데 ‘印’자를 ‘引’자로 잘못 조판한 것 같다.

④ 太宗 16년 3월에 『乘船直指錄』을 인쇄하였다

≪太宗實錄≫ 16년 丙申 3월 己未條에 이에 대해 다음과 같이 기록하고 있다.

---

47) 『太宗恭定大王實錄』 제24권, 十二年 壬辰 七月 壬辰條, 『朝鮮王朝實錄』, 국사편찬위원회, 1955, vol.1, p.642. “賜申得財米及綿布 得財遼人也 造華紙以進 下鑄字所印十七史 賜得財米五石 綿布三匹 令紙工傳習”
48) 『太宗恭定大王實錄』 제24권, 十二年 壬辰 十月 癸丑條, 『朝鮮王朝實錄』, 국사편찬위원회, 1955, vol.1, p.650. “鑄字所引大學衍義以進 賜工人七米各一石”

《승선직지록(乘船直指錄)》 3백 본(本)을 외방의 각도에 나누어
주니, 주자소(鑄字所)에서 인쇄한 것이다.[49]

⑤ 太宗 6년부터 7년까지 『禮記淺見錄』을 인쇄하였다

『世宗實錄』 15년 癸丑 2월 癸巳條에 成均司藝 金泮이 太宗 때
주자소에서 자기의 師傅 權近의 『禮記淺見錄』을 주자로 인쇄 발행
하였다고 上書한 기록이 보인다.

성균 사예(成均司藝) 김반(金泮)이 상언하기를, (中略) 신의 스승인
선신(先臣) 양촌(陽村) 권근(權近)이 지은 《오경천견록(五經淺見錄)》
과 《입학도설(入學圖說)》은 모두 성경(聖經)의 우익(羽翼)이며, 학자
의 지침(指針)이옵니다. 《예기천견록(禮記淺見錄)》은 신이 김종리
(金從理)와 더불어 같이 태종 대왕의 명을 받잡고 쓴 것이온데, 신의
스승이말하기를, '내가 《진씨집설(陳氏集說)》을 먼저 쓴 뒤에 내가
지은 《천견록(淺見錄)》을 쓰고자 하였으나, 다만 나의 병이 위독하
여 해가 서산(西山)에 닿은 것 같으니, 만약 《진씨집설》의 수만 여
말[言]을 다 쓴 뒤에 천견록을 쓰려고 한다면, 책을 미처 이룩하지 못
하고 밝은 세상을 하직할까 두렵다. 이 때문에 《진씨집설》을 간략
하게 들어 쓰고 다음에 천견록을 써서 올린다.'고 하였는데, 곧 주자
소(鑄字所)에 내려 인쇄하였습니다.[50]

---

49) 『太宗恭定大王實錄』 第31권, 十六年 丙申 三月 已未條, 『朝鮮王朝實
錄』, 국사편찬위원회, 1955, vol.2, p.109. "頒『乘船直指錄』三百本於外方
各道 鑄字所所印也"

50) 『世宗莊憲大王實錄』 第59권, 十五年 癸丑 二月 癸巳條, 『朝鮮王朝實
錄』, 국사편찬위원회, 1955, vol.3, p.442. "臣師先臣陽村權近所著『五經淺
見錄』『入學圖說』皆聖經之羽翼 學者之指南也 而『禮記淺見錄』則臣與金
從理同承太宗之命而書之 臣師曰 吾欲先書陳氏集說 而後書吾所着淺見
錄 但吾病篤 日迫西山 今吾若書陳說數萬言而後乃書淺見錄 則恐未及成
書而奄辭昭代也 是用略擧陳說而書之 次書淺見錄以進 即下鑄字所印之"

『太宗實錄』6년 丙戌 11월 癸丑條에 權近이 『禮記淺見錄』을 太宗에게 드렸다는 기록이 있다.[51] 覆刻本 『禮記淺見錄』에 河崙이 永樂 5년(太宗 7년; 1407)에 序文을 쓴 것으로 보아 이 책은 太宗 6년에서 7년 사이에 조판 인쇄하였을 것으로 생각된다.

⑥ 『音註全文春秋括例始末左傳句讀直解』의 인쇄

景泰甲戌(端宗2년; 1454) 覆刻本 『音註全文春秋括例始末左傳句讀直解』권70 뒤의 李塏가 쓴 跋文에 '我太宗大王朝印鑄字本 字大便于觀覽 而印少歲久 學者病未得焉'이라고 한 것으로 보아, 구체적인 시간은 분명하지 않지만, 太宗 때 주자로 이 책을 인쇄하였다는 것을 알 수 있다.

⑦ 太宗 9년에 『十一家註孫子』를 인쇄하였다

일본 宮內廳書陵部에 丙子字 印本 『十一家註孫子』 한 부를 소장하고 있다. 이 책에 權近의 『鑄字跋』에 대한 기록과 '永樂七年四月日印'이라고 한 底本刊記가 있다. 永樂 7년은 太宗 9년(1409)이므로 이 책이 의거한 底本은 太宗 9년 계미자 印本이라는 것을 알 수 있다.

⑧ 太宗 16년에 『東國韻略』을 간행했다

『太宗實錄』16년 丙申 4월 丁丑條에 "명하여 좌의정(左議政) 하윤(河崙)이 찬진(撰進)한 ≪동국략운(東國略韻)≫을 인쇄하여 중외(中外)에 반포하게 하였다."[52]라는 기록이 보인다. 비록 이 책이 주자

---

51) 『太宗實錄』권12 참조.
52) 『太宗恭定大王實錄』 제31권, 十六年 丙申 4月 丁丑條, 『朝鮮王朝實錄』,

印本인지는 아직 確定할 수 없으나 '印'이라 하고 '刊印'이라 하지 않은 것으로 보아 주자 印本일 가능성이 크다.

(2) 문헌 실물이 증명하는 인쇄활동

世宗 시기에 『太宗實錄』을 편찬하면서 太宗 朝의 '史草' 분실이 매우 심각한 상황이란 것이 드러나 관련 책임자를 처벌하였지만 이미 빚어진 손실은 만회할 수 없는 지경에 이르렀다. 그러므로 이 시기 주자소의 인쇄활동에 관한 자료도 대부분 인멸되어 현존 인쇄물에 의거할 수밖에 없는 상황이다. 그 가운데 계미자 印本으로 추정되는 몇 종의 서적을 살펴보면 다음과 같다.

① 『陶隱先生詩集』

이 책은 완벽한 癸未小字印本이다. 현재 卷1의 1책은 誠庵文庫에 소장되어 있고 卷2의 1책은 金完燮이 소장하고 있다.

② 『東萊先生校正北史詳節』

이 책은 大小字 合用本이다. 현재 卷4·5 두 책이 남아 있다. 澗松美術館에 소장되어 있으며 卷6의 1책은 李魯謙이 소장하고 있다.

국사편찬위원회, 1955, vol.2, p.112. "命印左議政河崙撰進『東國韻略』 頒諸中外"

③ 『宋朝表箋總類』

이 책은 大小字 合用本이다. 현재 卷7의 1책은 서울대학교 奎章閣에 소장되어 있다.

④ 『十七史纂古今通要』

이 책은 大小字 合用本이다. 현재 卷16의 1책은 서울대학교 奎章閣에 소장되어 있고 卷17의 1책은 國立중앙도서관에서 소장되어 있다. 앞에서 말한 『太宗實錄』12년 壬辰 7월 壬辰條에 주자소에서 '華紙'로 인쇄했다는 記載된 『十七史』가 아마 이 책일 것으로 추정된다.

⑤ 『新刊類編歷學三場文選對策』

이 책은 小字印本이다. 卷5·6은 誠庵文庫에 소장되어 있다.

⑥ 『纂圖互注周禮』

大小字 合用本이다. 卷1·2 두 책인데 현재 일본 國會圖書館에 소장되어 있다.

⑦ 『地理全書范氏洞林照胆經』

이 책은 小字印本이다. 卷下 1책은 誠庵文庫에 소장되어 있다.

(3) 『朝鮮國樂章』의 인쇄

『世宗實錄』에 世宗 8년 丙午 4월에 奉常寺의 判官 朴堧이 上書할 때 『朝鮮國樂章』은 주자印本이라고 한 적이 있다. 이 내용은 다음과 같다.

아조(我朝)의 제향하는 음악은 모두 아가(雅歌)를 사용한 것은 바르지만 악(樂)을 사용하는 법에 이르러서는 의논을 할 것이 전혀 없습니다. 다만 악장(樂章) 38수(首)와 십이율성통례(十二律聲通例)를 주자(鑄字)로 인쇄하여 10본(本)으로 만들어 본시[奉常寺]에 비장하여, 이름을 '조선국악장(朝鮮國樂章)'이라 하고, 발문(跋文)에 이르기를, "본조(本朝)의 신(神)에게 제사지내는 악(樂)은 그 성음(聲音)의 높고 낮음과 가시(歌詩)의 차례와 순서가, 모두 공인(工人)들이 초록해서 쓴 그릇된 것으로 오랜 것일수록 더욱 본지(本旨)를 잃었으니, 신명의 지성에 교접(交接)하는 것이 못됩니다. 본시[奉常寺]에 벼슬한 사람은 그 책임을 사피(辭避)할 수 없다." 당시의 아악(雅樂)이 바르게 고쳐지지 않아 저서(著書)가 있지 않은 것도 당연히 알 수 있습니다. 지금부터 신악(新樂)을 가르쳐 익히고, 공인들의 재주를 취하는 데 모두 이 책을 상고하면, 그 공이 작지 않을 것이나, 제사지내는 데 겸해 쓴다는 것은 전의 규정을 받고서도 완전히 이에 의거하지 않았으니, 지금 이 책을 가지고 본조(本朝)의 아악(雅樂)에 소용되는 법을 상고한다면 모두가 심히 정밀하고 적당하지 못한 것 같습니다. 신(臣)은 어리석은 사람으로 외람된 생각이오나, 개국(開國)한 초기에는 경륜함이 초매(草昧)하여, 먼저 마음을 쓴 바가 문물의 상경(常經)뿐이었고, 아악(雅樂)에 이르러서는 단서만 열고 뜻을 밝히지 못하였습니다. 그렇지 않다면 어찌한 책을 저술하여 아부(雅部)로 삼아 영구히 전하게 하지 않았겠습니까. 만일 저술한 악서(樂書)가 있었다면 지난날 봉상시(奉常寺)에서 어찌 부지런히 공인들이 초록해 쓴 나머지를 철습(掇

拾)하여 미완성된 악서(樂書)를 만들었겠습니까.[53]

　지금까지 학계에서는 『朝鮮國樂章』 발문의 내용을 박연이 상서한 내용으로 오독해 『朝鮮國樂章』을 朴堧이 상서할 때인 世宗 8년에 주자로 인쇄한 庚子字印本이라고 이해해 왔다. 이 글의 내용 가운데 "本朝의 神에게 제사지내는 樂은"부터 "본시에 벼슬힌 사람은 그 책임을 辭避힐 수 없다"까지가 『朝鮮國樂章』 원래의 발문 내용이며, 朴堧이 이 발문을 인용한 목적은 『朝鮮國樂章』을 편찬할 때 아직 雅樂에 관한 진정한 저작이 없었다는 것을 말하기 위한 것이었다. 그리고 '지난날 奉常寺에서 어찌 부지런히 공인들이 초록해 쓴 나머지를 掇拾하여 미완성된 樂書를 만들었겠습니까' 라는 내용까지 朴堧은 『朝鮮國樂章』을 편찬 인쇄할 당시의 상황에 대해 계속해 추론하고 있다. 이렇게 볼 때, 『朝鮮國樂章』을 편찬하고 인쇄한 시기와 박연이 상서했던 시기는 서로 상당한 거리가 있었던 것을 짐작할 수 있다.

　世宗 12년 鄭麟趾가 『雅樂譜』의 서문을 쓸 때도 다음과 같이 언급한 바 있다.

---

53) 『世宗莊憲大王實錄』 제23권, 八年 丙午 四月 戊子條, 『朝鮮王朝實錄』, 국사편찬위원회, 1955, vol.3, p.22. "奉常判官朴堧上書曰 我朝祭享之樂 皆用雅歌 則正也 至於用樂之法則全無着論 但樂章三十八首及十二律聲 通例以鑄字印爲十本 藏之本寺 號曰『朝鮮國樂章』 跋之曰 本朝祀神之樂 其聲音高下 歌詩次序皆由工人抄寫之 訛愈久而愈失 非所以交神明之誠 仕於本寺者不得辭其責矣 則當時雅樂未就 正未有着書斷可知也 自今新樂訓習工人 取才皆按此本 其功不至於行祭兼用受前規而不全據此 今將此本考之 本朝雅樂所用之法 似皆未甚精當也 臣愚妄意開國之初 草昧經綸 所先致意文物常經而已 至於雅樂則開端未意也 不然 則豈無一書箸爲雅部以垂不朽乎 如有着述樂書 則往日奉常何拳拳掇拾于工人抄寫之余 以就未完之樂書乎"

> 또 지금 봉상시의 악장(樂章)이 어디로부터 전해 온 것인지 알 수
> 없었고, 그 중에는 악공(樂工)들이 일시적으로 보탠 것도 있어서 신빙
> 할 만한 가치가 없다.54)

여기서 말한 '봉상시의 樂章'은 바로 朴堧이 上書할 때 말한 『朝鮮國樂章』을 가리킨다. 世宗 12년에 『朝鮮國樂章』을 '어디로부터 전해 온 것인지 알 수 없었다'라고 한 것도 편찬 인쇄 시간과 거리가 멀다는 것을 의미하는 것이다.

이 책의 간행 시기에 대해 구체적으로 알 수는 없지만 박연의 얘기를 바탕으로 짐작해보면 朝鮮建國 초창기이후이면서 世宗 8년과도 상당한 거리가 있는 시기일 것이다. 추론하건대 太祖 末年에서 太宗 初年 사이가 아닐까싶다. 편찬자는 朴堧 이전에 있었던 奉常寺 판관 중의 한 사람이었을 것이고 그 중 최초로 임명된 判官일 가능성이 크다. 편찬자는 『朝鮮國樂章』의 발문에서 "본시[奉常寺]에 벼슬한 사람은 그 책임을 辭避할 수 없다"고 自責하는 말을 하고 있다. 만약 이전에 누가 奉常寺 判官을 任職을 했다면 그는 이런 말을 하지 않았을 것이고 그렇게 되면 다른 사람을 質責하는 말이 되기 때문이다.

한마디로 말해 『朝鮮國樂章』은 太宗 初年의 계미자 印本일 수도 있고 太祖 末年의 주자 印本일 수도 있다는 결론에 다다른다. 이에 대해서는 좀더 논의해봐야 하겠지만 『朝鮮國樂章』은 朴堧이 上書한지 5년밖에 안 되는 庚子字 印本일 가능성은 전혀 없다고 단언할 수 있다.

---

54) 『世宗莊憲大王實錄』 제50권, 十二年 庚戌 閏十二月 丁酉條, 『朝鮮王朝實錄』, 국사편찬위원회, 1955, vol.3, pp.280~281. "『雅樂譜』成 鄭麟趾奉教序曰 (中略) 又今奉常寺樂章不知何自而傳 間有出於一時樂工之增益 未足信"

4. 주자소의 기술 전승 양상

1) 조선 초기 주자인쇄 실상

여기서는 太祖 元年(1392)에 조선왕조가 건국되어서부터 太宗 3년(1403) 주자소의 설립에 이르기까지 10여 년간 주자인쇄 상황과 자취에 대해 살펴보기로 한다. 사실 이 부분에 대한 논의는 관련 자료의 부족으로 섣부르게 결론을 낼 수 없는 문제라 생각한다. 현재 학계에서는 이 시기에는 주자활동이 없었던 일종의 휴면기로 인식하고 있다. 이런 논의는 다음과 같은 근거를 바탕으로 하고 있다.

가. 오늘날까지 이 기간의 주자 인쇄물이나 주자인쇄에 관한 기록을 발견하지 못했다.
나. 이 기간에 목활자 인쇄활동이 두 차례 있었다.
다. 太宗이 주자소를 설립하고 대자를 부어낼 때 조정의 신하들은 모두 힘들다고 애써 반대했다.
라. 주자소 창립 초기에 주자인쇄 작업은 그 효율이 극히 낮았다.

이와 같은 이유를 근거로 학계에서는 이 기간 동안 주자 인쇄기술이 잠시 중단되었다고 보고 있다. 물론 지금까지 이 기간 동안 주자 인쇄물이나 주자 인쇄에 관한 명확한 역사기록을 찾아볼 수 없다. 하지만 앞서 논의했던 바와 같이, 소위 말하는 '癸未大字'가 太宗 3년 주자소 이전에 주조되었을 가능성을 배제할 수 없는 한, 이 기간에 '癸未大字'가 이미 존재했을 수도 있다. 奉常寺에 보존되어 있는 주자본 『朝鮮國樂章』은 주자소 이후라기보다 주자소 이전에 주자 인쇄되었을 가능성도 있기 때문이다.

　앞서 말한 바와 같이, 이 기간 동안 두 차례에 걸쳐 목활자가 인쇄된 바 있다. 한 차례는 太祖 4년(1395)에 書籍院이 白洲知事 徐贊이 만든 목활자를 이용하여 『大明律直解』를 인쇄한 것이다. 이때 인쇄된 수량에 대해서 학계에서는 世宗 2년의 재판본과 世宗 28년의 平安監營 재판본에 수록된 金祗 발문을 근거로 하여 100여 부를 인쇄했을 것이라고 추정하고 있다. 그러나 『大明律直解』 목활자 원본을 직접 목격했다는 魚叔權의 기록을 보면, 이 책의 실제 인쇄 부수는 388부에 이른다.55) 이렇게 많은 양을 주자로 인쇄하였다면 목활자 인쇄보다 더 많은 시간이 필요하였을 것이다. 게다가 『大明律直解』는 大·小 2종의 목활자를 배열하여 인쇄하였으므로 비교적 듬성듬성하게 해 읽기 편하도록 되어 있다. 太宗 3년에 주자소에서 대자를 부어내기 전까지 대자 글자체가 없었던 것을 고려해 보면 주자인쇄보다 목활자 인쇄가 단지 필요성에 의해서 선택되었을 가능성도 배제할 수는 없다고 생각한다. 목활자로 『大明律直解』를 배열하고 인쇄했다는 것만으로는 당시에 주자가 없었다는 단언할 수 없다는 말이다.

　이 기간 동안 이루어진 또 다른 목활자 인쇄물은 太祖 6년(1397)에

---

55) 魚叔權, 『稗官雜記』권4, 『國譯大東野乘』권4, 민족문화추진회, 1971, vol.1, pp.779～780. "洪武乙亥 鄭道傳等患律文難曉 以薛聰所制吏讀逐條翻譯 名曰『直解大明律』 令書局印出凡三百八十八件"

功臣都監에 의해 인쇄된 「開國原從功臣錄券」이다. 당시 신분을 나타내는 증명서와 같은 것들은 일반적으로 정중히 손으로 쓰는 것이 관례여서 '開國原從功臣'보다 신분이 높은 '開國功臣'들의 錄券은 손으로 직접 쓴 것이다. 현존 「開國原從功臣錄券」도 전부 다 목활자로 인쇄한 것은 아니라 직접 손으로 쓴 것도 발견되고 있다. '開國原從功臣'들이 많아서 功臣都鑑이 그들에게 발급하는 錄券을 일일이 손으로 쓸 수가 없었기 때문이다. 번잡하게 書籍院을 동원하여 주자로 인쇄한다면 모두에게 알려지게 되므로 조용히 인쇄했을 것이다. 또한 주자로 인쇄하면 중간에 書口, 魚尾등이 달려 있는 書頁式 전용 인쇄판을 사용해야 한다. 그런데 「開國原從功臣錄券」은 卷軸式 문서이기 때문에 만약 주자로 인쇄한다면 書頁式 조합이 이루어져 보기에 매끈하지 되지 않았을 것이다. 이런 이유로 말미암아 목활자로 「開國原從功臣錄券」을 인쇄한 것을 놓고 당시에 주자가 사용되지 않았다고 단정할 수는 없다.

마지막으로 太宗이 주자소를 설립하고 大字를 부어내고자 할 때 조정신하들이 모두 힘들다고 입을 모았다는 기록을 다시 꼼꼼히 따져 읽을 필요가 있다. 조정 신하들이 모두 힘들다고 한 이유는 엄청난 동의 수요량에 대한 우려에서 비롯된 것이지 기술문제 때문은 아닌 것이다. 주자소 창립초기에 주자인쇄상의 작업효율이 낮았다는 이유도 이 기간에 주자인쇄술이 잠시 중단되었다고 단언할 수 있는 결정적인 단서가 되기에는 미흡하다.

요컨대 한국인쇄사에 있어 太祖 元年부터 太宗 3년까지 10여 년간 주자인쇄가 잠시 중단되었다는 논의는 재고할 필요성이 있다. 오히려 이 시기 주자인쇄술은 계속적으로 진행되었을 가능성이 없지 않다고 판단된다.

2) 활자조판 방법과 그 문제점

(1) 조판 인쇄 방법

癸未字의 조판인쇄 방법에 대한 기록은 『世宗實錄』과 卞季良의 「鑄字跋」을 통해 확인할 수 있다. 여기서는 이를 통해 癸未字 印本의 조판 원리와 그 과정에 대해 살펴보기로 한다.

우선 癸未字 印本을 보면 癸未字 조판인쇄에 사용하는 印版의 四邊, 版心, 界線 그리고 版心의 상하 어미는 모두 고정시켜 놓았다는 것을 알 수 있다. 이 부분은 사전에 한 판으로 주조해 놓았던 것이다. 그렇지만 앞서 제시한 <그림 1>을 통해서 알 수 있듯이, 印本의 正文, 版心題, 卷次, 張次 등은 서로 분리시켜 印版에 조판해 넣었다. 『世宗實錄』의 世宗 16년 甲寅 7月 丁丑條에서는 癸未字 조판인쇄에 대해 이렇게 기록하고 있다.

> 매양 인쇄할 때를 당하면, 반드시 먼저 밀[蠟]을 판(板) 밑에 펴고 그 위에 글자를 차례로 맞추어 꽂는다.[56]

주자를 고정하기 위해서 주자된 글자를 꽂아 넣기 전에 印版 바닥에 녹인 黃蠟을 한 층 부어 넣는다. 이것은 더욱이 주자의 字面이 印版과 수평을 유지할 수 있도록 해, 인쇄를 손쉽게 할 수 있게 만

---

56) 『世宗莊憲大王實錄』권65, 16年 甲寅 7月 丁丑條, 『朝鮮王朝實錄』, 국사편찬위원회, 1955, vol.3, p.578. "每常印書 必先以蠟布於板底 而後植字於其上"

든다. 주자마다 높이가 고르지 않고 배면도 반듯하지도 않아 주자를 녹인 黃蠟에 꽂아 넣고 印刷面은 반듯한 板子로 누른다. 그러면 주자들이 각각 알맞게 黃蠟 속에 적당히 박히고 印刷面 부분은 일정하게 수평을 이룬다.

주자 꽂는 과정은 成俔의 『慵齋叢話』의 기록을 통해 짐작할 수 있다.

> 드디어 여러 글자를 나누어서 궤에 소장하였는데, 그 글자를 지키는 사람을 수장(守藏)이라 하여 나이 어린 공노가 이 일을 하였다. 그 서초(書草)를 부르는 사람을 창준(唱准)이라 하였으며 모두 글을 아는 사람들이 이 일을 하였다. 수장이 글자를 서초 위에 벌려 놓고 판에 옮기는 것을 상판(上板)이라 하고, (中略) 주자를 받아서 이를 찍어내는 사람을 인출장(印出匠)이라 하였다. 그 감인관(監印官)은 교서관원(校書館員)이 되었으며 감교관(監校官)은 따로 문신에게 명하여 하게 하였다.[57]

즉, 조판 인쇄할 내용 그대로의 격식대로 쓴 書草를 창준이 순서대로 큰 소리로 읽으면, 주자를 보관하는 守藏이 곧바로 찾아 상응한 위치에 갖다 놓는다. 이렇게 한 페이지의 주자를 다 찾아 낸 후, 순서대로 하나 씩 이미 書板에 부어놓은 黃蠟에 꽂아 넣는다.

조판의 마지막 과정에 대해 『世宗實錄』에서는 주자를 다 배열한 후 더 견고하게 하기 위하여 주자와 주자 사이의 틈에 녹인 黃蠟을 채운다고 했다. 구체적으로 관련 부분을 인용해보기로 한다.

---

57) 成俔, 『慵齋叢話』권7, 『國譯大東野乘』권2, 민족문화추진회, 1971, vol.1, p.177. "遂分諸字 貯于藏樻 其守字者曰守藏 年少公奴爲之 其書草唱准者曰唱准 皆解文者爲之 守藏列字于書草上 移之于板 曰上板 受而印之者 曰印出匠 其監印官則校書館員爲之 監校官則別命文臣爲之"

전자에 책을 찍는데 글자를 구리판[銅板]에 벌여 놓고 황랍(黃蠟)을 끓여 부어, 단단히 굳은 뒤에 이를 찍었기 때문에, 납이 많이 들고, 하루에 찍어 내는 것이 두어 장에 불과하였다. 이때에 이르러 임금이 친히 지휘하여 공조 참판 이천(李蕆)과 전 소윤 남급(南汲)으로 하여금 구리판을 다시 주조하여 글자의 모양과 꼭 맞게 만들었더니, 납을 녹여 붓지 아니하여도 글자가 이동하지 아니하고 더 해정(楷正)하여 하루에 수십 백 장을 찍어 낼 수 있다.[58]

인쇄하기 전에 주자사이에 녹인 黃蠟을 붓는 목적은 '활자가 움직이지 않도록 하기 위해서', 즉 견고성을 강화하기 위해서였던 것이다.

(2) 계미자에 드러난 문제점

그동안 太宗이 주자소를 설립하고 주자를 만든 것에 대한 평가는 대체로 긍정적이었지만 태종 당시의 주자 기술에 대한 평가는 그지 좋지 않았다. 卞季良도 『鑄字跋』에서 당시 주자에 대해 이와 같은 평가를 내리고 있다.

주자(鑄字)의 설비로 가히 많은 서적을 인쇄하여, 영원히 세상에 전하게 하니, 이는 진실로 무궁한 이익이 된다. 그러나 처음 주조한 주자가 다하지 못함이 있어서 서적을 인쇄하는 자가 그 공역을 용이하게 이루지 못함을 병통으로 여겼다.[59]

---

58) 『世宗莊憲大王實錄』 제18권, 三年 辛丑 三月 丙戌條, 『朝鮮王朝實錄』, 국사편찬위원회, 1955, vol.2, pp.426~427. "列字於銅板, 鎔寫黃蠟, 堅凝然後印之 而一日所印不過數紙 至是 上親自指畫 命工曹參判李蕆 前小尹南汲改鑄銅板與字樣相准 不暇鎔蠟而字不移 卻甚楷正 一日可印數十百紙"

그는 먼저 주자로 인해 많은 서적을 인쇄하여, 영원히 세상에 전하게 했다는 측면에서 그 공적을 인정하고 있지만 당신 주자 기술상의 문제점에 대해서 글자모양에 결함이 있다는 것을 지적하고 있다. 그 결함의 불편함은 印書하는 工匠이 제일 먼저 느낀다고 하였다. 당시 주자의 글자모양에 있어서 발견된 결함에 관한 구체적 내용은 世宗이 李蔵과 甲寅字 개량의 문제를 상의할 때 상세하게 記述하였다.

> 매양 인쇄할 때를 당하면, 반드시 먼저 밀[蠟]을 판(板) 밑에 펴고 그 위에 글자를 차례로 맞추어 꽂는다. 그러나 밀의 성질이 본디 유(柔)하므로, 식자(植字)한 것이 굳지 못하여, 겨우 두어 장만 박으면 글자가 옮겨 쏠리고 많이 비뚤어져서, 곧, 따라 고르게 바로 잡아야 하므로, 인쇄하는 자가 괴롭게 여겼다.60)

주자를 고정하는데 쓰였던 黃蠟은 접착력이 약해서 주자를 유효하게 고정시킬 수 없었기 때문에 印版을 組版해서 인쇄했지만, 몇 장 찍지도 않아서 印版의 주자가 흔들리기 시작해 글자들이 비뚤거나 겹쳐 찍힌 것이 많았다는 것이다. 그리하여 組版을 한 뒤, 印版에 黃蠟을 다시 녹여서 주자 사이의 간격을 조정하고 주자사이에 黃蠟을 새로 부어 고정시킨 다음 다시 인쇄했다는 것이다. 한 번 인쇄하는데 이러한 과정을 거듭해야 하였기에 작업이 번잡하고 인쇄하는 사람도 귀찮

---

59) 卞季良, 「鑄字跋」, 『국역 동문선』 제103권, 민족문화추진회, 1998, "鑄字之設 可印群書以傳永世 誠無窮之利矣 然其始鑄字樣有未盡善者 印書者病其功未易就" 국역 부분은 "字樣有未盡善者"을 "글자의 모양이 <아름답고 좋은 점을>다하지 못함"로 잘못 번역했다.

60) 『世宗莊憲大王實錄』권65, 16年 甲寅 7月 丁丑條, 『朝鮮王朝實錄』, 국사편찬위원회, 1955, vol.3, p.578. "每常印書 必先以蠟布於板底 而後植字於其上 然蠟性本柔 植字未固 才印數紙字有遷動 多致偏倚 隨卽均正 印者病之"

아했음을 알 수 있다. 때문에 작업의 효율성이 떨어져 "하루에 찍어
내는 것이 두어 장에 불과하였다."[61]고 했다. 즉, 주자는 그 실용성에
있어서 문제가 되었다는 사실을 알 수 있다.

그밖에 『世宗實錄』에는 주자로 인쇄할 때 黃蠟이 대량으로 소모
되는 것도 큰 문제라고 했다.

전자에 책을 찍는데 글자를 구리판[銅板]에 벌여 놓고 황랍(黃蠟)을
끓여 부어, 단단히 굳은 뒤에 이를 찍었기 때문에, 납이 많이 들였다.[62]

蠟의 구체적인 소모량에 대해 명확한 기록은 없지만 『世宗實錄』
의 기록을 보면[63] 世宗 8(1426)년 이전에 각 도에서 해마다 중앙에
黃蠟 5백 94근 8냥을 바쳤으며 奉常寺의 연간 소모량이 250여 근에
달해 거의 절반을 차지했다 한다. 나머지 황랍은 별로 사용하지 않
아 世宗 8년에는 1160근을 누적했다고 한다. 이렇게 推算해 볼 때
이 누적된 黃蠟은 世宗 3년부터 누적하기 시작해 거의 5년 동안 누
적된 분량에 해당한다. 세종 3년은 마침 世宗이 庚子字 개량을 한
해이기에 주자를 組版하는데 黃蠟이 필요하지 않았다. 때문에 각 道
에서 해마다 중앙에 바치는 594근 8냥 황랍가운데 奉常寺에서 사용
한 250여 근을 제외한 나머지 240여 근은 주자소에서 쓴 것이 되는

---

61) 『世宗莊憲大王實錄』 第11권, 三年 辛丑 三月 丙戌條, "一日所印不過
    數紙"
62) 『世宗莊憲大王實錄』 第11권, 三年 辛丑 三月 丙戌條, "前此印冊 列字
    於銅板 鎔寫黃蠟 堅凝然後印之 故費蠟甚多"
63) 『世宗莊憲大王實錄』 第33권, 八年 丙午 九月 乙未條, 『朝鮮王朝實錄』,
    국사편찬위원회, 1955, vol.3, p.42. "戶曹啓 奉常寺黃蠟一年所用不過二
    百五十餘斤 而見在一千一百六十六斤 請各道貢黃蠟五百九十四斤八兩限
    兩年減除 從之"

셈이다. 주자소에서 해마다 黃蠟 240여 근을 사용하였고 각 지방에서 중앙에 바친 황랍의 분량 가운데 거의 절반을 차지했던 것이다.

　주자의 단점으로 실용성이 떨어진다는 것과 황랍이 많이 들어간다는 것 외에도 徐居正이 『筆苑雜記』에 癸未字는 글자체가 아름답지 못하다는 점도 지적하고 있다.

　　　태종이 일찍이 주자(鑄字)를 만들었는데, 모양이 썩 좋지는 못하였다. 경자년에 세종이 이천(李蕆)에게 명하여 중국의 좋은 글자 모양으로 고쳤는데, 이전 것에 비해서 더욱 정교(精巧) 하였으며 이를 경자자(庚子字)라 한다.[64]

　그러나 현존의 癸未字 印本을 볼 때 그 글체가 예스럽고 소박하며 빼어나게 아름답고 歐陽體에 속하면서도 瘦金體의 풍격도 띠고 있다. 이와 비해 볼 때 庚子字의 글체는 오히려 癸未字보다 못하다. 생각건대 이것은 徐居正이 卞季良의 『鑄字跋』에서 언급한 '然其始鑄字樣有未盡善者'라고 한 말에 대해 잘 이해를 못한 결과로 빚어진 오해로 보인다. 卞季良이 말한 "字樣"은 입방체 금속 주자를 두고 말한 것이지 주자의 글체를 두고 얘기한 것은 아니다. 때문에 癸未字 자체가 불미하다는 말은 좀처럼 받아들일 수 없는 평가라 할 수 있다.

　이상과 같이 볼 때, 조선시대 당시 癸未字는 실용성이 떨어지고 황랍이 많이 들어가 경제성도 떨어진다는 문제점을 노출시켰지만 이른 시기 주자에 대한 인식과 서체 부분에서는 긍정적인 평가를 내릴 수 있다.

---

64) 徐居正, 『筆苑雜記』권2, 『國譯大東野乘』권3, 민족문화추진회, 1971, vol.1, p.273. "太宗始作鑄字 模樣有未盡善 歲庚子 世宗命李蕆以中國善書字樣 改鑄 比舊尤精 是謂庚子(按: 원문에는 '字'가 빠져있다.)"

3) 문제점의 원인

앞서 살핀 바와 같이, 모든 주자관련 자료에서는 太宗 때 주자인쇄의 효율성에 대해 부정적 견해를 보여 왔다. 당시의 주자인쇄 기술 수준으로는 하루에 몇 페이지 정도밖에 인쇄할 수 없었기 때문이다. 현재 학계에서는 대부분 태종 3년 이후 주자 인쇄활동에 대해 그 활동이 잠시 失傳되었던 휴면기로 파악하고 있지만, 앞서 본고에서는 이에 대해 반성적으로 검토한 바 있다.

『韓國典籍印刷史』와 『韓國古印刷資料圖錄』의 부록에 있는 「韓國主要活字年表」와 「韓國古活字年表」의 통계에 의하면 '癸未大字'의 출현 전에 기타 금속 활자의 대소분포는 證道歌字 1.0×1.0센티미터; 興德寺字 대자1.0×1.001센티미터, 소자1.0×0.5센티미터; '癸未小字'1.0×0.8센티미터이다. '癸未大字'의 경우 그 크기는 1.4×1.7센티미터이고 면적은 이전에 나타난 활자보다 무려 2.38배나 크다. 당시 활자 인쇄가 '固着式'를 사용하였기 때문에 이와 같은 결과가 빚어진 것이다. 바로 밀랍을 가지고 활자를 하나하나 인쇄판에 붙인 후 인쇄하는데 있어 활자가 너무 크면 고정시키기가 어렵고 인쇄 작업에 영향을 준다. 이런 사정을 고려할 때, 계미자의 주자인쇄에 있어서 작업효율이 떨어졌던 주요 원인은 太宗 때부터 사용하기 시작한 大字의 사용에서 찾을 수 있다.

물리학적인 각도에서 볼 때에도 물체간의 접착 강도는 접착물의 질, 물체의 중량 및 물체와 접착물 사이의 접촉면적 등 세 가지 요소와 밀접한 관계가 있다. '癸未大字'·'癸未小字'와 비슷한 '大字'·'小字'의 고정력에 대해 비교해 보기로 하자. 실상 '癸未大字'와 '癸未小字'는 태종 때 인쇄 시, 동시에 사용된 바 있다.[65] '癸未大字' 또는 '癸未

小字'와 인판 사이의 접착물은 모두 밀랍이며 그 밀랍의 질도 같았다. '癸未大字'의 인쇄면 면적은 1.4×1.7＝2.38센티미터이었다. 만약 활자의 높이를 x라고 가정하고 동의 비중을 y라고 가정할 때, '癸未大字'와 비슷한 '大字' 하나의 무게는 2.38xy(활자자면 면적이 인면 면적보다 조금 크다)가 되며 '癸未小字'의 인쇄면 면적은 1.0×0.8＝0.8센티미터가 된다. '癸未小字'가 '癸未大字'와 인쇄에 함께 사용된 적이 있으므로 인쇄면이 동일한 높이를 유지하게 하기 위해서는 '癸未小字'의 높이가 '癸未大字'와 같아야 한다. 때문에 또한 x라고 표시할 수 있다. 그럼 '癸未小字'와 비슷한 '小字'하나의 무게는 0.8xy이다. 2,38xyg을 0.8xyg로 나누면 2.975가 된다. 즉 '大字'의 무게는 '小字' 무게의 2.975배가 된 셈이다.

만약 각 활자를 인판의 밀랍에 삽입할 수 있는 깊이를 X센티미터(활자는 배면을 제외한 네 변의 하단 X센티미터이하의 부분은 밀납과 접촉한다.)라고 한다면 '大字'와 접착물 간의 접촉면적은 2.38＋1.4×2×x＋1.7×2×x＝2.38＋6.2x제곱센티미터이고 '小字'와 밀납 간의 접촉면적은 0.8＋1×2×x＋0.8×2×x＝0.8＋3.6x제곱센티미터가 된다. 가령 매 활자가 밀납 간에 삽입되는 깊이가 0.1센티미터라고 한다면 '大字'와 밀납 간의 접촉 면적은 2.38＋6.2×0.1＝3제곱센티미터이다. '小字'와 밀납 간의 접촉면적은 0.8＋3.6×0.1＝1.16제곱센티미터가 된다. 3을 1.16으로 나누면 2.586가 되니, '大字'와 밀납 간의 접촉 면적은 '小字'보다 2.586배 커서 둘의 중량비율보다 작다는 결론을 얻을 수 있다.

---

65) 이 사실은 앞서 제시한 바 있는 대소자 합용본인 『東萊先生校正北史詳節』·『宋朝表箋總類』·『十七史纂古今通要』·『纂圖互注周禮』 등을 통해 알 수 있다.

이상과 같이 볼 때, 활자의 무게는 인쇄 면이 커짐에 따라 늘어나지만 접착 물과의 접촉면적은 인쇄 면의 증가에 따라 점점 줄어든다는 사실을 알 수 있다. 다시 말해 인쇄 면이 큰 활자일수록 인쇄판과 접착되는 견고성은 떨어진다는 것이다. 본고에서는 이를 모의실험을 통해 재확인하기로 한다.

우선 작은 활자모형을 두 개 만든다. 작은 활자모형은 길이, 너비, 높이가 각각 1.008센티미터×1.005센티미터×0.59센티미터이며 큰 활자모형은 길이, 너비, 높이가 각각 1.695센티미터×1.405센티미터태.59센티미터로 한다. 큰 활자모형과 작은 활자모형의 위쪽에는 줄을 고정시키는 작은 환(環)을 만든다. 실험에 필요한 黃蠟, 베어링, 분동, 온도계, 쟁반 등을 준비한다.

실험 순서는 다음과 같다. 우선 작은 솥으로 黃蠟을 녹인다. 黃蠟의 용해 온도는 62~65도인데 실험할 때는 85~90도까지 가열하는 것이 좋다. 黃蠟은 용해온도에서는 가열을 중지하면 빨리 응고되어 볼록하고 구부러진 면을 형성하기 때문에 활자모형과의 접촉 면적이 줄어든다. 黃蠟 온도를 85~90도까지 높이면 활자모형과 접촉할 때 신속히 응고되지 않으므로 부드러운 반액체 상태를 형성하게 되어 접촉 면적이 늘어나기 때문이다. 녹인 黃蠟을 먼저 쟁반 밑에 한층 깔고 나서 활자 모형을 黃蠟에 꽂는다. 그런 뒤 활자모형 주위에 黃蠟을 더 붓고 응고되길 기다린다. 黃蠟이 응고되는 시간은 여러 요소에 의해 영향을 받는다. 예를 들어 黃蠟의 가열 온도, 실험실의 온도, 용기의 열 전도성, 黃蠟을 용기에 주입할 때의 깊이 등이 그것이다. 실험시 얇은 플라스틱 쟁반을 사용하는 것이 좋으며 黃蠟주입 깊이는 2.5~3㎜, 실내온도는 24~26도, 황랍 가열온도는 85~90도가 적당하다. 이러한 조건이면 가열을 중지한 후 30~40분후에 응고된다. 솥에 담겨져 있는 黃蠟은 깊이가 1센티미터나 되는 관계로 오랫동안 응고되지 않는다. 黃蠟이 완전히 응고된 후에 줄을 활자모형의 작은 환에 걸고 다른 한 끝은 활자모형 수평위치를 유지해주는 베어링을 통해 금속쟁반과 연결한다. 그리고 줄을 당겨서 黃蠟에 꽂혀 있는 활자모형을 빼낼 때까지 금속쟁반에 분동을 계속 올려놓는다. 이런 방법으로 활자모형의 횡적 견인력을 계산할 수 있다. 다시 줄을 활자 모형 바로 위쪽에 연결되어 있는 베어링을 통해 금속 쟁반과 이어놓고 이상과 같은 방법으로 종적인 견인력을 계산할 수 있다. 본고에서는 이렇게 큰 활자모형과 작은 활자모형으로 실험을 세 번 반복하여 다음과 같은 수치를 얻어냈다.

〈大·小 활자 견인력 모의실험 결과표〉			
	제1차	제2차	제3차
대 활자모형 (종적 견인력)	37.24N / 23.0도	47.04N / 23.5도	49.0N / 25.0도
소 활자모형 (종적 견인력)	25.48N	33.32N	33.32N
대, 소 활자모형 종적 견인력 비교	1.46	1.41	1.46
대 활자모형 (횡적 견인력)	47.04N / 25.5도	50.96N / 26.0도	54.88N / 26도
소 활자모형 (횡적 견인력)	33.32N	33.32N	37.24N
대, 소활자모형 횡적 견인력 비교	1.41	1.52	1.47
대, 소 활자모형 질비교	12.38g / 5.71g = 2.17	대, 소활자모형 면적비교	2381㎜ / 1085㎜ = 2.19

결과표에 대한 설명

가.

위에 표기한 수치들은 실험도구들로부터 실제 측정한 것이다. 견인력은 200g 짜리 분동을 사용하여 뉴톤(N은 힘을 측정하는 국제단위)으로 계산하였다. 온도는 실험 당시의 실내온도다.

나.

표에 종적인 견인력과 횡적인 견인력을 3번 측정한 결과를 제시하였다. 수치가 다른 것은 쟁반에 부은 黃蠟의 깊이가 서로 달라 黃蠟과 활자모형 접촉면적이 다르기 때문에 나타난 접착정도의 차이다. 그러므로 필요한 견인력도 차이를 보이게 되었다. 예를 들어 횡적 견인력 실험에서 첫 번째 黃蠟의 깊이는 약 2.5㎜, 세 번째 깊이는 3.5㎜이다. 그러므로 세 번째가 견인력이 제일 큰 셈이 된다. 이는 黃蠟과 활자모형의 접촉면은 활자 견고성에 영향 주는 중요한 요소라는 것을 알 수 있다.

실험을 통해 종적 견인력의 평균치는 1.45이고 횡적 견인력의 평균치는 1.48이라는 수치를 얻어냈다. 이 수치는 면적 비율 2.19보다 작다. 소형 활자모형이 받은 종적 견인력은 0.0271N / ㎜이며 대형 활자가 받은 견인력은 0.0179N / ㎜이다. 소형은 대형의 1.514배인 셈이 된다. 소형 활자모형이 받은 횡적 견인력은 0.0316N / ㎜이며 대형 활자모형이 받은 횡적 견인력은 0.0214N / ㎜가 된다. 소형은 대형의 1.48배인 것이다. 이상의 계산을 통해 인쇄 면이 큰 활자일수록 인쇄판과의 접착의 견고성은 떨어진다는 것을 알 수 있다.

당시에도 대자일수록 견고성에서 문제가 있다는 것을 알고 있었

다. 成俔은 『慵齋叢話』에서 세종 때 癸未字가 "크고 고르지 않
아"[66)]하여 개량을 진행했으며 개량을 한 후의 庚子字는 "작고 고르
다"라고 기록하고 있기 때문이다. 다시 말해 '癸未大字'의 사용이
활자인쇄 작업효율을 저하시켰고 黃蠟의 사용량을 증가시켰던 것이
고 세종이 이를 개량하기 위한 시도하게 된 것이다.

---

66) 成俔, 『慵齋叢話』권7, 『國譯大東野乘』권2, 민족문화추진회, 1971, vol.1,
    p.176, "世宗又於庚子年 以所鑄之字大而不整 改鑄之 其樣小而得正"

제4장 주자소의 지위 확립과 그 활동

1. 지위 확립의 배경

1) 設立 초기 조직과 기술상의 문제점

앞서 살펴본 바와 같이, 太宗이 주자소를 설립할 당초부터 대신들의 반대가 심했고 이에 대해 太宗과 대신들이 서로 조금씩 양보를 하는 것으로 해결의 실마리를 찾았다. 결국 太宗은 주자소를 설립하고 그 비용은 국고에 의존하지 않고 백성들로부터도 徵收하지 않았다. 주자소 설치에 드는 비용은 몇몇 '親勳臣僚'의 출자도 있었지만 주로 태종 자기의 재산을 다 털어 마련했다. 이런 까닭으로 말미암아 주자소는 그 설치 초기부터 기구의 성격과 편제에 있어서 이중적 성격을 띠게 된다. 다시 말해서 주자소는 한편으로는 국가 기구의 성격을 띠면서도 다른 한편으로는 태종 개인의 자금으로 설치된 것이기에 단순한 국가 기구가 아닌 임금 개인에게 속하는 기구의 성격을 띠기도 했다. 소속에 있어서 주자소는 왕에게 소속되는 이른바 '闕內衙門'으로서 왕이 承政院을 통해 직접 관리를 하였고, 주자소 기구 내에는 정부의 여러 기관에 소속된 적지 않은 관리인원과 작업 일군들을 두었다. 편제에 있어서도 이분화 되어 있었으므로 한편으로 왕궁 내의 '闕內衙門'으로서 관리인원을 군주가 직접 임명하는 임시적인 관료 편제를 갖고 있었고 다른 한편으로는 왕궁 밖의 '司'에 吏와 工匠을 포함한 상설 편제도 갖고 있었다. 주자소의 이러한 복잡한 성격은 구체적인 관리 작업에 커다란 불편을 야기 시키는 원인이 되었고 주자소가 독자적으로 발전하는 데에도 장애가 되었다. 이처럼 주자소는 설립 초기부터 다른 기구처럼 정상적으로 존재하지도 발전하지도 못한 기구였던 것이다.

주자소 설립 후, 한 페이지를 조판 인쇄하려면 먼저 녹인 黃蠟을 印版의 틀에 부어 넣고 주자를 하나하나씩 꽂은 다음 다시 주자사이에 黃蠟을 부어 넣어야 했기 때문에 작업효율성 이 매우 떨어질 수밖에 없었다. 사실 黃蠟만을 이용하여 주자를 印版의 상응한 위치에 고정시키는 이런 방법은 수백 년 동안 써 온 주자인쇄방법이었다. 이전에 사용했던 주자는 작은 편이어서 印面 面積은 보통 1.0×1.0센티미터였고 체적이 작기 때문에 주자의 黃蠟 접촉 면적이 상대적으로 컸었다. 때문에 잘 고정되어 작업의 효율성 면에 있어서 별로 큰 영향을 주지 않았던 것이다.

주자소를 설치한 뒤, 주조된 大活字는 그 印面 面積은 1.4×1.7센티미터에 달하여 전의 소활자보다 크기 면에서 두 배 이상 더 컸다. 印面 面積이 컸기에 주자의 체적이 커지고 黃蠟과의 접촉 면적도 상대적으로 감소되어 印版에 잘 고정되지 않았다. 이런 이유로 조판을 한 뒤, 몇 장 찍지도 않아서 印版의 주자가 흔들려 찍혀 나온 인쇄물이 비뚤어지거나 겹쳐 찍히는 경우도 적지 않았다. 물론 애써 인쇄한 것을 버리고 印版의 黃蠟을 녹여 주자 사이의 간격을 다시 조정한 뒤 黃蠟을 부어 주자를 고정시킨 다음, 다시 인쇄를 해야 하는 번거로움을 반복해야만 했던 것이다. 인쇄과정상에 있어서 이런 번잡한 작업으로 말미암아 인쇄의 효율성이 크게 떨어졌음은 물론이다. 『世宗實錄』에도 주자의 이런 낙후된 효율성으로 말미암아 하루에 몇 장 밖에 찍어내지 못 했다[1] 기록하고 있다. 주자 인쇄에 있어서 '大字' 사용이 낳은 인쇄 작업상의 효율성 저하문제는 시급히 해결해야 할 당면 과제로 대두되었던 것이다.

2) 세종의 好學的 性格과 문화의식

『世宗實錄』에 기록된 세종의 성격에 대해 다음과 같이 설명하고 있다.

정사를 보고 경연에 나아갔다. ≪통감강목(通鑑綱目)≫을 강독(講讀)한 끝에 임금이 동지경연사(同知經筵事) 윤회(尹淮)에게 이르기를, "진서산(眞西山)이 말하기를, '≪통감강목≫은 권질(卷帙)이 많아서, 임금은 다 보기가 쉽지 않다.'하더니, 내가 경자년부터 강독을 시작하여 지금까지 이르렀는데, 그 사이에 혹은 30여 번을 읽은 것도 있고, 혹은 20여 번을 읽은 것도 있기는 하나, 참으로 다 보기는 어려운 책

---

1) 『世宗莊憲大王實錄』 제11권, 三年 辛丑 三月 丙戌條, 『朝鮮王朝實錄』, 국사편찬위원회, 1955, vol.2, pp.426～427. "一日所印不過數紙"

이라.”고 하였다. 임금이 잠저(潛邸)에 있을 때부터 학문을 좋아하고 게을리 하지 않아서, 일찍이 경미한 병환이 있을 때에도 오히려 독서를 그치지 아니하므로, 태종(太宗)께서 작은 환관을 시켜서 그 서책을 다 가져다가 감추게 하고 다만 ≪歐蘇手簡≫만을 곁에 두었더니, 드디어 이 책을 다 보시었다. 즉위하심에 이르러서는 손에서 책을 놓지 않아, 비록 수라(水刺)를 들 때에도 반드시 책을 펼쳐 좌우에 놓았으며, 혹은 밤중이 되도록 힘써 보시고 싫어하지 않으셨다. 일찍이 근신(近臣)에게 말하기를, “내가 궁중에 있으면서 손을 거두고 한가롭게 앉아있을 때는 없다.”하셨으니, 이러하시기 때문에 경적(經籍)에 널리 통하시었고, 심지어는 본국 역대의 사대문적(事大文籍)에 이르기까지 보시지 않은 것이 없었고, 또 근신들에게 말하기를, “내가 서적을 본 뒤에는 잊어버리는 것은 없었다.”하시었으니, 그 총명하심과 학문을 좋아하시는 것은 천성(天性)이 그러하셨던 것이다. 또 주자소(鑄字所)로 하여금 한어(漢語)를 번역한 여러 서적을 인쇄하게 하고, 총제 원민생과 判承文院事 曹崇德으로 하여금 읽어 올리도록 하여, 한번 들으시면 문득 기억하고는 근신에게 이르기를, “내가 한어의 역서(譯書)를 배우는 것은 다른 것이 아니다. 명나라의 사신과 서로 접할 때에, 미리 그 말을 알면 그 대답할 말을 혹 빨리 생각하여 준비할 수 있기 때문이다.”라고 하시었다. 임금이 특히 서적만을 한번 보고 문득 기억하시는 것만이 아니라. 무릇 수많은 신하들의 성명(姓名)·내력(來歷)·세계(世系) 등을 비록 미세한 것이라도 한번 들으시면 잊지 않으셨으며, 한번 그 얼굴을 보시면 비록 여러 해를 막 보시지 못했더라도 다시 보실 때에 반드시 아무라고 성명을 부르셨으며, 사물의 정밀하고, 소략하고, 아름답고, 추악한 것에 이르러서도 한번 눈에 접하시면 반드시 그 호리(毫釐)의 차를 정밀히 분변하셨고, 성음(聲音)의 청탁과 고하(高下)도 한번 귀에 들어가면 그 윤리(倫理)를 심찰하시었으니, 그 총명과 예지(睿智)가 이와 같으시었다.2)

---

2) 『世宗莊憲大王實錄』권22, 五年 癸卯 十二月 庚午條, 『朝鮮王朝實錄』,
   國史編纂委員會, 1955, vol.2, p.569. “庚午 視事經筵 『通鑑綱目』講畢

  이와 비슷한 내용은 徐居正의 『筆苑雜記』에서도 찾아 볼 수 있
다. 그 내용을 잠시 살피면 다음과 같다.

  세종은 천성이 학문을 좋아하여 세자로 되기 전에, 매양 글을 읽을
적에 반드시 백 번씩 읽으며, 좌전(左傳)과 초사(楚辭)는 다시 백 번을
더하였다. 일찍이 몸이 편치 못하면서도 글 읽기를 폐하지 아니하여
병이 점점 심해지니, 태종이 내시에게 명하여 갑자기 그 처소에 가서
책을 모두 거두어 오게 하였다. 다만 구소수간(歐蘇手簡) 한 권이 병
풍 사이에 남아 있었는데, 세종은 천백 번을 읽었다. 왕위에 오르지 날
마다 경연(經筵)에 나가서 읽지 않은 책이 없었으니 밝고 부지런한 공
이 백왕(百王)에서 뛰어났었다. 일찍이 근신(近臣)에게 말하기를, "글을
읽는 것은 유익한 일이나 글씨 쓰고 글짓는 것과 같은 일은 임금으로
유의할 필요가 없다."하였다. 만년에 피로하여 정무는 보지 않으면서
도, 문학에 대한 일에는 더욱 마음을 두어 유신(儒臣)에게 명하여 국
(局)을 나누어 여러 책을 편찬하게 하였으니, 고려사(高麗史)·치평요
람(治平要覽)·병요(兵要)·언문(諺文)·운서(韻書)·오례의(五禮儀)·사
서 오경음해(四書五經音解) 등이 동시에 편찬되었는데, 대왕의 재결을
거쳐서 이룩되었으며 하루 동안에 열람한 것이 수십 권에 이르니, 가
히 하늘의 운행과 같이 정성이 쉬지 않는다 하겠다.3)

上謂同知經筵事尹淮曰　眞西山云『通鑑綱目』卷帙多　人主未易盡覽　予自
庚子年始講　以至於今　其間或有讀至三十餘遍　或有二十餘遍　誠未易盡看
之書也　上自在潛邸　好學不倦　嘗有微恙　尤且讀書不已　大宗使小宦盡取書
帙　唯『歐蘇手簡』在側　乃取盡讀　及卽位　手不釋卷　雖在進膳時　必開卷
置諸左右　或至宵分　亹亹不厭　嘗謂近臣曰　予在宮中　無有斂手閑坐之時
矣　是以博洽経籍　至於本國歷朝事大文籍　無不觀覽　又謂近臣等曰　予於書
籍　看過之後則無遺失　其聰明好學　天性然也　又令鑄字所印漢譯諸書　使總
制元閔生　判承文院事曹崇德進讀　一聽便記　謂近臣曰　予學漢譯無他　與
朝廷使臣相接之時　預知其言　則其對辭庶幾早圖耳　上非特書籍一覽輒記　凡
群臣之姓名　來歷　世系　雖微者一聞不忘　一見其面　雖隔數歲　更見則必
呼曰某　至於事物之精粗美惡　一接乎目　必辨其毫釐　聲音之清濁高下　一入
乎耳　必審倫理　其明睿如此"

이와 같이 세종 당시의 기록을 살피면 공통적으로 그의 호학하는
생활태도를 공통적으로 적시하고 있음을 볼 수 있다. 배우는 것을
좋아하는 세종의 이런 생활 철학은 당연히 서적에 대한 깊은 관심으
로 연결되었음은 물론이었을 것이다. 실상 세종은 등극한 후, 주자소
를 매우 중요시하였다. 이런 과정 속에서 주자소의 지위는 자연스럽
게 확립되는 계기가 마련되었던 것이다. 요컨대 조선 초기 주자소가
설립 되고 그 지위가 확립되는 데 있어서 세종의 역할이 크게 작용
했으며 특히 그의 호학적 생활 태도가 깊이 반영되었던 것이다.

3) 서적 간행에 대한 사회적 갈망

앞서 논의한 바와 같이 세종의 호학적 성격은 주자소의 확립에 크
게 기여해 왕실 주도 하에 각종 서적이 편찬되었을 뿐만 아니라 적극
적으로 중국으로부터 서적을 수집해 들여오기도 했다. 이때 상황에 대
해 權采는 「通鑑訓義序」에 다음과 같이 기록하고 있다.

---

3) 徐居正, 『筆苑雜記』권1, 『國譯大東野乘』권3, 民族文化推進會, 1971, vol.1,
   pp.271~272. "世宗天性好學 其未出合 每讀書必百遍 于『左傳』『楚辭』又
   加百遍 嘗違豫 亦不輟讀 病漸劇 太宗命中官狎至其所 盡搜書帙而來 獨
   『歐蘇手簡』一卷遺在屏障間 世宗讀千百遍 及繼位 日禦經筵 無書不讀
   緝熙時敏之功 高出百王 嘗語近臣曰 讀書有益 如寫字製作 人君不必留
   意也 晚年倦勤 不視朝 然于文學之事尤所軫慮 命儒臣分局撰次諸書 曰『高
   麗史』曰『治平要覽』曰『兵要』 曰『諺文』 曰『韻書』 曰『五禮儀』 曰『四書五
   經音解』 同時撰修 皆經睿裁成書 一日御覽可數十卷 其可謂天行健純亦不
   已也"

경회루(慶會樓) 아래에 나아가 ≪통감훈의(通鑑訓義)≫의 찬집관(撰集官)인 예문관 대제학(藝文館提學) 윤회(尹淮) (中略) 등에게 잔치를 베풀었는데, (中略) 윤회(尹淮) 등이 드디어 응제시(應制詩)를 편찬하여 축(軸)을 만들고, 승지(承旨) 권채(權採)로 하여금 서문(序文)을 지었으니, 서(序)에 말하기를, "임금께서 즉위하신 지 3년 경자(庚子)에 비로소 금중(禁中)에 집현전(集賢殿)을 두시고, 당시의 문학(文學)의 선비를 정선하여 고문(顧問)에 대비하고 교정(校正)을 맡게 하여, 날마다 경악(經幄)에 이끌어서 경사(經史)를 강론(講論)하였다. (中略) 즉위하신 이래로 날마다 경연(經筵)에 나아가시어 밝은 학문을 시종 여일하게 싫어하지 않으시고, 동방(東方)에 서적이 적어서 사람들이 배울 수 없는 것을 깊이 염려하시어, 이에 신충(宸衷)에서 우러나와 유사에 명하여 주자(鑄字)의 규모를 새롭게 하여 책마다 인쇄하지 않은 것이 없고, 사람마다 배우지 못하는 이가 없게 되었다. 또 유문(遺文)과 신집(新集)을 다 얻지 못한 것을 염려하시어 사신(使臣)의 내왕 편에 중국에서 고루 구하고, 문신(文臣)을 파견하시어 나라 안에서 널리 사들이니, 이에 서적이 날마다 더하고 달마다 불어나서, 장서궐(藏書闕)을 세우고 목록을 만들어서 간직하니, 동우(棟宇)에 차고 넘치어 동국(東國)이 있은 이래로 문적이 많기가 오늘날처럼 성한 때는 없었다. 이로 말미암아, 진강(進講)하는 글이 의심나고 그릇된 것이 있으면 여러 서적을 두루 상고하여 모두 그 참된 것을 얻어서 바루었고, 예악(禮樂)·종률(鍾律)·천문(天文)·의상(義像)·음양(陰陽)·역산(曆算)·의약(醫藥)·복서(卜筮)의 서적까지도 모두 수즙(受茸)하여 정리하고 인쇄하여 반행(頒行)하였다."하였다.[4]

---

4) 『世宗莊憲大王實錄』권68, 十七年 乙卯 六月 戊申條, 『朝鮮王朝實錄』, 國史編纂委員會, 1955, vol.3, p.633. "戊申 禦慶會樓下 宴『通鑑訓義』撰集官 (中略) 尹淮等遂編應制詩爲軸 令承旨權采序之 序曰 上卽位之三年 庚子 始置集賢殿於禁中 妙選一時文學之士備顧問 掌讎校 日引經幄 講論經史 (中略) 自卽位以來 日禦經筵 緝熙之學始終不厭 深慮東方書籍鮮少 人不能學 乃出自宸衷 命有司新鑄字之規 無書不印 無人不學 又慮遺文新集之未盡得也 因使介旁求于上國 遣文臣廣購于國中 於是書典之至 日益月增 建藏書闕籍而藏之 充溢棟宇 自東國以來 文籍之多 未有如今

이런 서적 간행에 대한 요구가 적잖았음에도 불구하고 주자소의 실질적 효율성이 떨어져 여말선초부터 형성되기 시작해 세종 때 극에 달한 특정 분야에 걸친 서적 결핍문제는 해결될 수 없었다. 이런 문제를 가장 손쉽게 해결할 수 있는 방법은 중국으로부터 당시 필요한 서적을 수입해 들여오는 것이었다. 이때 수입된 책 중에는 독자들의 다양한 수요를 충족시킬 수 서적을 비롯해 새로운 지식을 소개한 책도 많았다. 다음의 기록을 통해서 世宗 7년에 禮曹가 중국에서 사들인 100部의 『集成小學』의 경우 四部학당의 교재로 사용되었던 사실도 알 수 있다.

> 예조에서 계하기를, "사부 학당(四部學堂)은 오로지 《소학(小學)》의 가르침만을 맡고 있어, 거기에 입학한 생도에게는 먼저 《소학》을 가르치고 나서 다른 서적을 가르칩니다. 다만 《소학》이란 서적은 經·史·子·集의 요긴한 말을 모아 편집한 것이기 때문에 이해(理解)하기 어려운 곳이 많습니다. 우리 나라에서 간행한 소학은 음훈(音訓)과 주해(註解)가 미비(未備)하고, 다만 <중국의> 《집성소학(集成小學)》은 음훈과 주소(註疏)와 명물도상(名物圖象)이 지극히 분명하게 갖추어져서, 아이들이 쉽게 알 수 있습니다. 청하건대 제용감(濟用監)의 저마포(苧麻布)를 중국에 들어가는 사신(使臣)에게 주어 《집성소학》 1백 권을 사오게 하소서."하니, 그대로 따랐다.5)

日之盛也 由是進講之書有所疑謬則遍考諸書 皆得其眞而正之 以至禮樂
鍾律 天文 儀像 陰陽 曆算 醫藥 卜筮之書皆修而整之 印而頒之"
5) 『世宗莊憲大王實錄』卷第三十, 七年 乙巳 十二月 戊子條, 『朝鮮王朝實
錄』, 國史編纂委員會, 1955, vol.2, pp.707~708. "禮曹啓 四部學堂職專
小學之敎 其入學生徒先授『小學』 乃授他書 但小學之書搜輯經史子集要
語 多有難解處 本朝刊本『小學』音訓 批註未備 唯『集成小學』音訓 註疏
名物圖像極爲明備 童蒙之輩可以易知 請以濟用監苧麻布授入朝使臣買來
『集成小學』一百件 從之"

이렇게 독자들의 서적에 대한 수요를 충족시키기 위하여 수시로 중국으로부터 책을 사들이는 것이 후에는 일종의 의존성 무역 내지는 私貿易의 형태로까지 발전하였다. 이런 당시의 상황에 대해 『世宗實錄』14년 壬子 4월 乙己條에는 다음과 같은 기록하고 있다.

> 정사를 보았다. 임금이 말하기를, "중국에 들어가서 사사로이 무역(貿易)을 하는 것을 금지하는 일은 일찍이 법으로 세웠으나, 그 폐단이 아직도 있는 것을 나는 매우 근심하노라. 다만 국가가 꼭 중국의 물품에 의존(依存)해야 할 것은 어쩔 수 없이 이것을 사들여 오게 된다. 그 사들이는 중국 물품을 중국 조정의 사신으로 가는 편에 부탁한 것은 본래 오로지 사대하기 위하여 <사신을 보내는> 본의(本義)에 어그러짐이 있고, 만약 전적으로 무역만을 위하여 사람을 보낸다면 번거롭고 혐오감(嫌惡感)이 있을 것 같다. 우리나라의 악기(樂器)·서적·약재(藥材) 등의 물품은 꼭 중국에 의존하여야 준비할 수 있는 것이니, 무역을 아주 끊어 버릴 수는 없으니, 어떻게 하면 좋겠는가. 경 등은 자세히 의논하여 아뢰라."하였다.6)

서적의 수요에 대한 공급의 부족은 급기야 국가의 무역 문제로까지 확대되었던 것이다. 야기된 서적의 공급문제를 자족적으로 해결하기 위해 世宗은 간행업에 대한 개량을 결심하고 국가 전체의 간행업에 대한 전반적 통제를 가능하도록 하기 위해 주자소의 지위를 확립하게 했다.

---

6) 『世宗莊憲大王實錄』卷第五十六, 十四年 壬子 四月 乙巳條, 『朝鮮王朝實錄』, 國史編纂委員會, 1955, vol.3, pp.383~384. "乙巳視事 上曰 入中朝禁私貿易已曾立法 然其弊尙在 予甚軫慮 但國家須賴中國之物 不得已而貿之 其貿易之物付於入朝之行則固乖於專爲事上之義 若專爲貿易而送 則似有煩瀆之嫌 本朝樂器 書冊 藥材等物須賴中國而備之 貿易不可斷絶 如之何而可 卿等商議以啓"

2. 기구의 조정과 기능의 확대

1) 기구 조정의 실상

앞서 언급한 바 있듯이 주자소 설립된 뒤 주자소의 성격과 소속 편제에 있어서의 복잡성은 구체적인 관리와 작업진행을 번거롭고 불편하게 만드는 주요한 원인이 되었다. 이런 구조적인 문제를 해결하기 위해 世宗 17년부터 주자소에 대해 본격적인 기구조정이 이뤄졌다. 당시의 기구 조정은 주로 '內衙外司'의 상황에 맞추어 진행되었다. 『世宗實錄』에 기록된 그 구체적 내용을 보이면 다음과 같다.

> 임금이 말하기를, "주자소(鑄字所)는 처음 설립할 때부터 대궐 안의 아문(衙文)으로 삼았고, 관원을 임명하여 역사를 독려하게 하였으며, 모두 승정원으로 하여금 이를 주관하게 했는데, 관사(官司)가 대궐 밖에 있으므로, 왕래하면서 계품(啓稟)하매, 일이 지체된 것이 많았다. 이미 대궐 안에 옮기게 하고, 그대로 승지(承旨) 2인으로 하여금 이를 주관하게 하였으니, 그전 주자소에는 목판(木板)만 남겨 두고 교서관(校書館)으로 하여금 이를 관장하게 할 것이며, 또 2품 이상의 문신 1인과 승지 1인으로 제조(提調)를 삼고, 교서(校書)·교리(校理)와 참외(參外) 2, 3인은 다른 사무를 제폐하고 이를 나누어 관장하게 하되, 체대(遞代)할 즈음에는 해유(解由)를 상세히 기록하여 서로 주고 받도록 하고, 이를 일정한 법식으로 삼게 하라."하였다.[7]

---

7) 『世宗莊憲大王實錄』卷第七十, 十七年 乙卯 十月 丁巳條, 『朝鮮王朝實錄』,

당시 이뤄진 조정을 통하여 원래 ‘衙門’은 宮內에 있게 되었고 ‘司’는 宮外에 있게 하여 주자소를 두 부분으로 나누었는데 각각 內주자소, 外주자소 혹은 주자소, 舊주자소라 명칭 하였다.

內주자소는 원주자소의 ‘闕內衙門’을 기반으로 하여 原來 宮外에 설치한 ‘司’를 宮內로 옮겨와 宮內에 組成한 것이다. 그래서 內주자소는 완전히 왕이 직접 통제하는 ‘闕內衙門’이 되었고 군주가 임명한 ‘承旨’ 2명이 일상 사무를 관리하도록 했던 것이다. 內鑄字所의 구체적인 임무는 주로 주자의 주조, 주자의 보관, 주자를 사용하여 서적을 인쇄 간행하는 등의 각종 주자나 주자 인쇄와 관련된 일을 책임 감독했다.

外鑄字所는 宮外의 원 주자소인 ‘司’의 소재지에 설치하였으며 校書館 소속으로 ‘承旨’ 한 명과 ‘提調’ 한 명을 각각 두었고 二品 이상의 文臣이 담임하도록 했다. 그리고 專任織인 ‘校書’·‘校理’·‘參外’ 등을 외주자소에 설치하고 이 직위에 있는 사람은 다른 직위를 담당하지 못 하게 하였다. 또한 外주자소의 ‘校書’·‘校理’·‘參外’ 등 직위를 담당하는 관리가 離任할 때 後任하는 관리에게 직위 책임사항을 상세하게 작성하여 後任 관리의 專業 傳承에 영향을 주지 않도록 보증해야만 했다. 이런 外주자소는 주로 木版과 관련된 업무를 관장했다.

이때 이뤄진 조정을 통하여 주자소 원래의 ‘內衙外司’의 행정 시스템이 內·外 두 시스템으로 조정된 것이다. 이것은 사실상 전국

國史編纂委員會, 1955, vol.3, p.656. “上曰 鑄字所自初設立爲闕內衙門 差官督役皆令承政院主之 而司在闕外 往來啓稟 事多稽緩 已令移于闕內 仍令承旨二人主之 其舊鑄字所唯置木板 令校書館掌之 又令二品以上 文臣一人承旨 一人爲提調 校書 校理及參外二三人 除他務分掌 除代之際 具錄解由 交相授受 以爲恒式”

서적의 간행을 전체적으로 관리하는 두 개 기구가 형성된 것이라고
봐야 할 것이다.

2) 기능 확대의 실상

세종 이후에 본격적으로 진행된 주자소 기능의 확대는 주로 木板
인쇄에 대한 관리를 중심으로 이뤄졌으며, 이때부터 지방 간행업에
대한 중앙정부의 통제가 강화되었다. 世宗은 주자소의 구조에 대해
조정하기 시작해 이후에는 주자소 직능에까지 그 조정 범위를 확대하
였다. 세종 초기 중앙정부는 전국의 관청이 소장하고 있는 서적을 총
괄하는 기능까지 담당하게 된 것이다. ≪세종실록≫에 의하면8) 세종
9년에 각 지방의 관청에 소장한 서적은 지방 관리가 책임지고 보관하
였는데 만약 서적이 毁損되거나 분실되었을 경우, 그 지방관리가 배
상해야 했다고 한다. 그리고 新舊 장관이 교체될 때 離任하는 관리는
반드시 관청에 수장하고 있는 서적의 명칭, 수량 등을 상세하게 적은
명세서를 작성해 就任하는 관리에게 주어 확인하도록 해야 했다.
  여기에서 더 나아가 세종 14년에는 이전보다 더 진일보한 서적
간행 관련 규정이 발표되었는데 그 내용은 각 지방에서 서적을 출간
하고자 할 때 반드시 중앙 정부의 비준을 받은 뒤 출판해야 한다는

---

8) 『世宗莊憲大王實錄』卷第29, 7년 乙巳 9月 丁酉條, 참조. “九月丁丑朔
   吏曹啓請各道各官所在冊板 守令於新舊交待解由開寫某冊幾板 明白傳掌
   其等內破毀遺失板子依數充補傳掌以爲恒式”

것이었다.9)

　세종은 지방관청의 서적 간행을 관리하는 것이 중요하다고 인식했다. 그리고 그 구체적인 활동 주체에 대해 모색한 뒤, 주자소의 관리 시스템을 적극 활용하고자 했다. 그 결과 주자소의 직능을 확대시켜 중앙이 지방의 서적 간행에 대해 효과적으로 관리를 하는 가교 역할을 할 수 있도록 했다. 그때 당시 지방의 서적 간행은 수로 木板인쇄를 하였고 주자소는 주자인쇄에 대해서만 관리를 하였기에 세종은 우선 수자소에 목판인쇄에 대한 관리 기능을 賦與하였던 것이다.

　≪세종실록≫에 의하면 세종 11년에 경상도감사와 전라도감사는 새로 새긴 『易經大全』·『書經大全』·『詩經大全』·『禮記大全』·『春秋大全』등의 冊版을 중앙에 바쳤고, 世宗은 이것으로 완전한 『五經大全』으로 만들게 하여 주자소에서 소장 보관하게 하였다는 기록이 보인다.10) 바로 이때부터 주자소는 木版 인쇄와 그 관리에 직접적으로 참여하기 시작한다. 그리고 世宗 17년에 와서 주자소 기구조정이 진행됨에 따라 宮外에 설치한 주자소는 木版 인쇄에 대해 관리를 하는 전문기구로 자리 잡게 된다. 世宗은 주자소의 직능을 조정 확대함으로써 주자소를 중앙에서부터 지방에 이르기까지 모든 주자와 木版 인쇄를 총괄하게 하는 기구로 만들었던 것이다.

---

9) 『世宗莊憲大王實錄』卷第57, 14年　壬子　8月　已丑條　참조. "傳旨禮曺
　　各道監司擅刊書冊　或刊他道已刊之書　或刊不緊之書　徒廢財力　實爲未
　　便　自今必令啓聞刊行"
10) 『世宗莊憲大王實錄』卷第43, 11年　已酉　2月　已亥條　참조. "慶尙道監司
　　進新刊『易』『書』『春秋』板子　命下鑄字所"
　　『世宗莊憲大王實錄』卷第43, 11年　已酉　3月　壬子條　참조. "全羅道監司
　　進新刊『詩』『禮』板子　命下鑄字所"

3. 주자의 기술 개량

1) 庚子 개량의 실제

(1) 개량의 원인

世宗은 즉위한 지 얼마 안 되어 주자인쇄기술 개량에 착수하였다. 관련 기록에 의하면 그 개량 원인으로는 세 가지를 꼽을 수 있다.

우선 첫째 원인으로는 당시의 주자인쇄작업 효율이 낮은 데 있었다. 이에 대해서 『世宗實錄』에서는 다음과 같이 기록하고 있다.

> 매양 인쇄할 때를 당하면, 반드시 먼저 밀[蠟]을 판(板) 밑에 펴고 그 위에 글자를 차례로 맞추어 꽂는다. 그러나 밀의 성질이 본디 유(柔)하므로, 식자(植字)한 것이 굳지 못하여, 겨우 두어 장만 박으면 글자가 옮겨 쏠리고 많이 비뚤어져서, 곧, 따라 고르게 바로 잡아야 하므로, 인쇄하는 자가 괴롭게 여겼다.11)

이밖에도 世宗 3년 辛丑 3월 丙戌條에 의하면 하루에 몇 장 정도밖에 못 찍어 내었다고12) 하니 실제로 주자인쇄는 효율성 면에서

---

11) 『世宗莊憲大王實錄』권65, 16年 甲寅 7月 丁丑條, 『朝鮮王朝實錄』, 국사편찬위원회, 1955, vol.3, p.578. "每常印書 必先以蠟布於板底 而後植字於其上 然蠟性本柔 植字未固 才印數紙 字有遷動 多致偏倚 隨卽均正 印者病之"

큰 문제점을 안고 있었던 것이다. 목판에 비해 빨리 조판할 수 있기는 했지만 인쇄가 쉽지 않아 실용성이 떨어져 실제로 사용되기 위해서는 개량이 시급했다고 할 수 있다.

둘째로 야기되었던 문제점은 黃蠟의 소모가 지나치게 많았다는 것이다. 『世宗實錄』은 이에 대해 다음과 같이 기록하고 있다.

전자에 책을 찍는데 글자를 구리판[銅板]에 벌여 놓고 황랍(黃蠟)을 끓여 부어, 단단히 군은 뒤에 이를 찍었기 때문에, 납이 많이 든다.[13]

셋째로 지적할 수 있는 문제점은 계미자의 글체가 아름답지 못했다는 것이다. 이와 관련된 徐居正의 『筆苑雜記』의 관련 기록을 보기로 하자.

태종이 일찍이 주자(鑄字)를 만들었는데, 모양이 썩 좋지는 못하였다. 경자년에 세종이 이천(李蕆)에게 명하여 중국의 좋은 글자 모양으로 고쳤는데, 이전 것에 비해서 더욱 정교(精巧)하였으며 이를 경자자(庚子字)라 한다.[14]

이상 지적한 세 가지 원인 중에 徐居正의 말한 '모양이 썩 좋지는 못하다'고 한 말은 卞季良의 ≪鑄字跋≫에 나오는 '然其始鑄字樣有未盡善者'에 대한 이해 착오에서 기인했다는 점은 앞서 논의한

---

12) 『世宗莊憲大王實錄』 제18권, 三年 辛丑 三月 丙戌條, "一日所印不過數紙"
13) 『世宗莊憲大王實錄』 제18권, 三年 辛丑 三月 丙戌條, "前此印冊 列字於銅板 鎔寫黃蠟 堅凝然後印之 故費蠟甚多"
14) 徐居正, 『筆苑雜記』권1, 『國譯大東野乘』권3, 민족문화추진회, 1971, vol.1, p.273. "太宗始作鑄字 模樣有未盡善 歲庚子 世宗命李蕆以中國善書字樣 改鑄 比舊尤精 是謂庚子(按: 疑闕'字'.)"

바 있다. 이렇게 볼 때, 주자를 개량하게 된 직접적인 원인은 주자 인쇄의 효율성이 없다는 점에 있다. 이런 점을 보완하기 위해서 세종은 기술개량을 시도한 것이다.

한국 주자 기술발전사의 측면에서 볼 때 주자인쇄는 적어도 1120년부터 사용되기 시작하였으니 세종 시기에 이르러서는 이미 300여년의 시간이 지난 뒤였다. 그 사이에 주자인쇄에 관한 기록이 보이지만 주자의 기술을 개량했다는 내용은 전혀 확인할 수 없다. 유독 세종 때에 이르러 주자인쇄의 기술개량이 10년 사이에 두 차례나 시도 되게 된다. 앞서 상론한 바 있듯이, 이 문제의 핵심적 배경은 세종 때에는 새로운 책들의 대량 출현해 여말선초 이후 점차 야기되었던 서적간행의 사회적 요구가 폭발적으로 증대된 데 있었다. 주자인쇄 기술 개량의 직접적인 원인으로 주자소 설치 후 주자인쇄 효율을 크게 저하시키는 '大字'의 출현을 들 수 있다. 그렇게 때문에 세종 때 제기된 주자인쇄의 효율성 저하에 대한 문제는 대자인 계미자에 해당한다고 할 수 있다.

요컨대 '大字'의 출현으로 말미암아 주자인쇄효율성의 저하를 초래하였고 세종은 이를 극복하기 위해 두 차례에 걸친 주자개량을 시도했던 것이다.

(2) 개량의 경과

경자개량은 世宗 즉위 이듬해인 1420년 世宗의 직접적인 지도 하에 工曹參判 李蕆이 새로운 활자를 鑄成한 것을 이른다. 이 해는 庚子년이었기 때문에 새로 주조한 활자를 '庚子字'라 한 것이다. 경자개량에 대해 卞季良은 「鑄字跋」에서 다음과 같이 말했다.

　　영락(永樂) 경자년 겨울 11월에 우리 전하가 <염려하옵신> 충정(衷情)에서 비롯되어 공조참판(工曹參判) 신 이천(李蕆)에게 명하시어 새로이 주조하니, 주조된 주자가 극히 정치(精緻)하엿다. 지신사(知申事) 신 금익징(金益精)괴 좌대언(左代言) 신 정초(鄭招) 등에게 명하시어 그 일을 감독 관장(管掌)하게 하여, 7개월을 지나 공역을 마치니, 인쇄하는 자가 매우 편리하고, 하루에도 종이 20여 매나 되는 많은 숫자를 인쇄하였다.[15)]

이 기록에 따르면 世宗은 먼저 李蕆에게 명하여 시범적으로 주자를 모색해 경자자를 얻은 것으로 보인다. 그런 후에 그 실재적인 활용에 있어서는 知申事 金益精과 左代言 鄭招 등에게 명하여 주자 주조를 장관하고 감독하게 하였던 것이다. 경자자를 얻기 위해 소요된 기간은 7개월이었고 하루에 인쇄할 수 있는 인쇄가능분량도 20여 매나 되었다고 하니 이전에 비해 인쇄효율성 측면에서 2~3 배의 효과를 얻어낸 셈이다.

『世宗實錄』 3년 辛丑 3월 丙戌의 기록은 이것과 조금 차이가 있다.

　　주자소(鑄字所)에 술 1백 20병을 내려 주었다. 이전에 책을 찍는데 글자를 구리판[銅板]에 벌여 놓고 황랍(黃蠟)을 끓여 부어, 단단히 굳은 뒤에 이를 찍었기 때문에, 납이 많이 들고, 하루에 찍어 내는 것이 두어 장에 불과하였다. 이때에 이르러 임금이 친히 지휘하여 공조 참판 이천(李蕆)과 전소윤 남급(南汲)으로 하여금 구리판을 다시 주조하

____

15) 『世宗莊憲大王實錄』 제18권, 四年　壬寅　十一月　癸丑條, 『朝鮮王朝實錄』, 국사편찬위원회, 1955, vol.2, p.509. "永樂庚子冬十有一月　我殿下發于宸衷　命工曹參判李蕆新鑄字樣　極精致　命知申事金益精　左代言鄭招監掌其事　七閱月而功訖　印者便之　而一日所印多至二十餘紙矣"

여 글자의 모양과 꼭 맞게 만들었더니, 납을 녹여 붓지 아니하여도
글자가 이동하지 아니하고 더 해정(楷正)하여 하루에 수십 백 장을
찍어 낼 수 있다. 임금은 그들의 일하는 수고를 생각하여 자주 술과
고기를 내려 주고, ≪자치통감강목(資治通鑑綱目)≫을 찍어내라고 명
령하고, 집현전으로 하여금 그 잘못된 곳을 교정하게 하였는데, 경자
년(1420) 겨울부터 임인년(1422) 겨울에 이르러 일을 끝냈다.16)

이 기록에 의하면, 庚子字의 개량은 世宗이 친히 지도하였고 李
蔵과 南汲 등은 구체적인 작업만 하였지 직접적인 연구 개발에는 참
여하지 않은 듯 보인다. 그리고 개량 후의 효율도 하루에 20쪽의 분
량이 아니라 수십 쪽 심지어는 백 쪽에 달한다는 것이다. 게다가 소
요된 기간도 卞季良은 「鑄字跋」과는 다르게 2년 정도가 걸렸다고 한
다. 우리는 서로 다른 두 기록을 통해서 이전의 주자에 비해 경자자가
주자인쇄의 효율성 측면에서 발전했다는 사실과 상당한 연구 기간이
소요되었으며 세종의 관심과 감독 속에서 이에 관련된 모든 일들이
진행되었다는 사실을 확인할 수 있다.

다행히 이 두 기록에 대한 사실성 여부는 『世宗實錄』16년 甲寅 7
월 丁丑條 와 金鑌의 「鑄字跋」를 꼼꼼히 따져 그 실체를 파악할 수
있다. 『世宗實錄』을 보면 世宗이 16년 甲寅 7월 丁丑에 李蔵과 甲
寅字 개량 문제를 상의할 때 庚子 개량을 회상하면서 世宗이 직접
한 말이 기록되어 있다.

---

16) 『世宗莊憲大王實錄』 제11권, 三年 辛丑 三月 丙戌條, 『朝鮮王朝實錄』,
국사편찬위원회, 1955, vol.2, pp.426~427. "賜鑄字所酒百二十瓶 前此
印冊 列字於銅板 鎔寫黃蠟 堅凝然後印之 故費蠟甚多 而一日所印不過
數紙 至是 上親自指畫 命工曹參判李蔵 前小尹南汲改鑄銅板與字樣相准
不暇鎔蠟而字不移 卻甚楷正 一日可印數十百紙 上念其功役之勞 屢賜酒
肉 命印『資治通鑑綱目』令集賢殿正其謬誤 自庚子冬至壬寅冬乃訖"

내가 이 폐단을 생각하여 일찍이 경에게 고쳐 만들기를 명하였더니, 경도 어렵게 여겼으나, 내가 강요했다.[17]

이 말을 통해서 庚子 개량 방안은 世宗의 명령으로 李蕆이 완성하였다는 것을 알 수 있다. 『世宗實錄』 3년 辛丑 3월 丙戌條 기록에 오류가 있는 것이다. 이에 관련된 내용을 金鑌의 「鑄字跋」에서 甲寅字에 대해 소개하면서 경자자에 대해 다음과 같이 기록하고 있다.

하루에 40여 페이지를 찍어내었다. 글자체가 분명하고 인쇄가 용이하여 과거보다 2배의 정도로 좋아졌다.[18]

甲寅字는 인쇄 효율 면에서 하루에 40쪽을 찍을 수 있어 전의 庚子字의 배나 되었다는 것이다. 이대로 계산을 한다면 庚子字의 하루 인쇄 양은 20여 쪽이 되는 셈이다. 이렇게 볼 때 卞季良의 「鑄字跋」에 나오는 관련 기록이 정확하다는 사실을 알 수 있다.

『世宗實錄』 3년 辛丑 3월 丙戌條 처음에 나오는 "鑄字所에 1백 20병의 술을 내려 주었다"고 한 내용은 당일의 일을 기록한 것으로 당시 原始 기록에 의거했을 것이다. 그런데 이전에 책을 찍었다는 내용부터 경자년 겨울에 시작된 일이 임인년 겨울에 이르러 끝났다는 내용까지의 記事는 전후 몇 년의 시간을 통합해 서술하고 있다. 이 기사의 내용은 후에 『世宗實錄』을 기록한 史臣이 다른 기사 내용과 시간적인 거리가 있는 이 한 단락을 기술할 때 범한 오류로 생각된다.

---

17) 『世宗莊憲大王實錄』권65, 16年 甲寅 7月 丁丑條, 『朝鮮王朝實錄』, 국사편찬위원회, 1955, vol.3, p.578. "念此弊 曾命卿改造 卿亦以爲難 予强之"
18) 金鑌, 「鑄字跋」, "一日所印可至四十余紙, 字體之明正, 功課之易就, 比舊爲倍矣"

(3) 개량의 내용

앞서 살펴본 대로 세종 때 이뤄진 庚子 개량의 직접적인 원인은 '大字'의 출현으로 인해 인쇄 작업 효율의 저하된 데에 있었다. 그러므로 경자개량은 주로 어떻게 하면 활자를 印版에 더 견고하게 잘 고정시켜 인쇄 작업상의 편리를 극대화 시킬 수 있을까에 대한 고민으로부터 출발했다.

庚子字의 字面 面積 大字는 1.1×1.001이고, 小字는 1.1×0.000으로 大字의 字面 面積은 계미자 大字보다 절반이었다. 개량의 방향은 世宗이 글자의 字面 面積의 크기와 주자의 부착성 사이의 연관성을 발견하고 大字의 사용을 포기하는 쪽으로 진행되었다. 이 점에 대해 좀 더 구체적으로 살펴보면 다음과 같다.

우선 지적해야 할 것은 庚子字 字體가 작아진 것은 세종의 본래 의도가 아니었다는 것이다. 자체가 작아진 것에 대해 세종은 다음과 같은 반응을 보였다.

> 전하께서 知中樞院事 臣 李蔵에게 "경이 감독하여 만든 주자로 인쇄한 책들은 정미한 편이나 글자가 너무 작아 읽기 힘들다. 그러니 대자를 '자본'으로 하여 다시 주자를 만드는 것이 좋지 않겠는가"라고 했다.[19]

이는 金鑌의 「鑄字跋」에 있는 기록으로 世宗이 庚子字 字體가 작아진 것에 대해 아쉬워하는 내용이다. 세종은 경자가 정미한 장점이 있기는 하지만 읽기에 힘들지 않겠냐는 회의적 반응을 보인 것이다.

---

19) 金鑌, 「鑄字跋」, "殿下謂知中樞院事臣李蔵曰 卿所嘗監造鑄字 印本固爲精好矣 第恨字體纖密 難于閱覽 更用大字本重鑄之尤佳也"

庚子字 字體가 작아진 이유가 銅이 부족했기 때문이라는 가능성
도 설득력이 없다. 왜냐하면 庚子字 주조 후 얼마 안 되어 銅錢을
주조했다는 사실을 확인할 수 있기 때문이다. 다음의 『世宗實錄』을
보면 당시 銅의 貯藏量은 大字 주조의 수요를 충족시킬 수 있었던
것을 확인할 수 있다.

　호조에서 계하기를, "공조(工曹)·봉상시(奉常寺)·제용감(濟用監)·군
기감(軍器監) 등 각 관사에 있는 동(銅)이 3만 6천 3백 48근 3냥 9전
(錢)이며, 생동(生銅)이 6만 4천 77근 5냥이요, 납이 2천 4백 79근 3
냥이며, 노감철(爐甘鐵)이 5천 83근 14냥입니다." 하니, 외방에서 미납
된 동기(銅器)를 이에 참작하여 주전소(鑄錢所)로 보내게 하라고 명하
였다.[20]

이와 같은 사정들은 卞季良의 「鑄字跋」의 기록을 통해 더 자세히
알 수 있다.

　공경히 생각하옵건대 우리 공정대왕(恭定大王)께옵서는 앞에서 창
작하옵시고, 지금 의 우리 주상전하(主上殿下)께옵서는 뒤에서 이어
쫓으셨으나, 조리(條理)의 치밀함은 다시 더함이 있렀다. 이로 말미암
아 인쇄하지 않는 책이 없고, 배우지 않은 사람이 없어, 문교(文敎)의
진흥이 마땅히 날로 전진하고, 세도(世道)의 융숭함이 마땅히 더욱 성
대할 것이니, 저 한(漢)·당(唐)의 인주(人主 군왕)가 재정의 관리와
군비의 확충에만 혈안(血眼)이 되어, 이것을 국가의 선무로 삼은 것을

---

20) 『世宗莊憲大王實錄』 제23권, 六年 甲辰 三月 丙申條, 『朝鮮王朝實錄』,
　　국사편찬위원회, 1955, v2, p.588. "戶曹啓 工曹 奉常寺 濟用監 軍器監
　　等各司見在銅三萬六千三百四十八斤十三兩九錢 生銅六萬四千七十七斤
　　五兩 鑞二千四百七十九斤三兩 爐甘鐵五千八十三斤十四兩 命外方銅器
　　未納間酌量送于鑄錢所"

본다면 소양(霄壤)의 차(差)만이 아닐 것이니, 실로 우리 조선 만대에
그지없는 복이다.21)

인용문을 통해서 당시 世宗은 주자 인쇄를 중시하였고 국가의 先
務로 여겼으며 '財力兵革'보다 앞세웠다는 사실을 알 수 있다. 銅을
절약하기 위하여 자기의 주관 意向에 어긋나게 庚子字 字體를 축소
시키지도 않았던 것이다.

成俔의 ≪慵齋叢話≫에도 庚子개량에 대해 다음과 같이 기록되어
있다.

또 세종께서 주조한 글자가 크고 바르지 못하므로 경자년(서기1420년)
에 다시 주조하니 그 모양이 작고 바르게 되었다.22)

成俔도 계미자가 글자 자체는 크지만 바르지 않아 개량하게 되었
다고 한 것이다. 개량 결과에 대해서는 비교적 긍정적인 평가를 내
리고 있음을 볼 수 있다.

庚子字 背面의 형태에 대해서는 두 가지 서로 다른 설이 기록으
로 남아 있다. 『世宗實錄』의 기록에 의하면 庚子字의 背面은 평탄
하다고 한다.

이때에 이르러 임금이 친히 지휘하여 공조 참판 이천(李蕆)과 전

---

21) 『世宗莊憲大王實錄』 제18권, 四年 壬寅 十一月 癸丑條, 『朝鮮王朝實
   錄』, 국사편찬위원회, 1955, vol.2, p.509. "恭惟我光孝大王作之于前 我
   主上殿下述之于後 而條理之密有又加焉者 由是而無書不印 無人不學
   文敎之興當日進 而世道之隆當益盛矣 視彼漢唐人主規規於財力兵革以
   爲國家之先務者 不啻霄壤矣 實我朝鮮萬世無疆之福也"
22) 成俔, 『慵齋叢話』권7, 『國譯大東野乘』권2, 민족문화추진회, 1971, vol.1,
   p176. "世宗又於庚子年 以所鑄之字大而不整 改鑄之 其樣小而得正"

소윤 남급(南汲)으로 하여금 구리판을 다시 주조하여 글자의 모양과 꼭 맞게 만들었더니, 납을 녹여 붓지 아니하여도 글자가 이동하지 아니하고 더 해정(楷正)하여 하루에 수십 백 장을 찍어 낼 수 있다.[23]

庚子字의 둘레 밑 부분은 평탄하여 주자와 주자 사이, 주자와 인쇄판 사이에 서로 밀집되고 틈이 없어 주자를 움직이지 않게 고착시킬 수 있었던 것이다. 때문에 구태여 黃蠟을 녹여 고정시킬 필요가 없게 되었다. 실상이 이와 같았다면 庚子개량은 組立式 인쇄판 배열법을 사용하기 시작한 것으로 판단된다. 이런 배열법의 원리는 원래의 固着式 배열법과 비교할 때 질적인 차이를 가지고 있어 비약적 발전을 했다고 평가할 수 있다.

이와 다르게 成俔은 『慵齋叢話』에서 庚子字의 背面을 錐形이었다고 했다.

처음에는 글자를 벌려놓는 법을 몰라서 납(蠟)을 판에 녹여서 글자를 붙였다. 이런 까닭으로 경자자는 끝이 모두 송곳 같았는데, 그 뒤에 비로소 대나무로 빈 데를 메우는 재주를 써서 납을 녹이는 비용을 없이하였으니, 비로소 사람의 재주 부리는 것이 무궁함을 알았다.[24]

庚子字는 밑 부분의 길게 뻗어나간 錐形이므로 黃蠟에 깊이 삽입할 수 있어 고착시키기에 용이했다. 이렇게 함으로써 黃蠟과의 접촉

---

23) 『世宗莊憲大王實錄』 제11권, 三年 辛丑 三月 丙戌條, 『朝鮮王朝實錄』, 국사편찬위원회, 1955, vol.2, pp.426~427. "至是 上親自指畫 命工曹參判李蕆 前小尹南汲改鑄銅板與字樣相准 不暇鎔蠟而字不移 卻甚楷正 一日可印數十百紙"

24) 成俔, 『慵齋叢話』권7, 『國譯大東野乘』권2, 민족문화추진회, 1971, vol.1, p.177. "始者不知列字之法 融蠟於板 以字着之 以是庚子字尾皆如錐 其後始用竹木塡空之術 而無融蠟之費 始知人之用巧無窮也"

면적을 확대시켜 주자의 견고성을 증가시켰던 것이다.

이 두 가지 기록은 모두 나름대로 일리가 있어 그 시비에 대해서는 확정할 수는 없다. 만약 庚子字가 密集式 배열법을 사용하여 黃蠟에 대한 의존으로부터 탈피했다면 활자가 크건 작건 막론하고 견고성에 영향을 줄 리 없었을 것이다. 때문에 庚子字는 지식인 특히 世宗의 염원을 거슬러 字面면적을 축소하지 않았을 것으로 보인다. 이런 의미에서 볼 때 활자 밑 부분이 송곳 같았다는 기록은 나름대로 일리가 있는 듯하다.

한편 『世宗實錄』을 보면25) 世宗 8년(1426) 전까지 각 도에서는 해마나 중앙에 黃蠟을 594근 8냥을 바쳤다고 한다. 그 중 奉常寺에서 매년 220여 근, 거의 40%를 사용했으며 나머지 黃蠟은 별다른 용처가 없어 당시까지 누적된 것이 1166근이었다고 한다. 이는 개산해 보면 黃蠟은 이미 3~4년 동안 누적된 양에 해당하는 양으로 世宗4~5년부터 누적되기 시작하였다면 이 황납의 누적분이 축척되기 시작한 때와 庚子字를 개량하여 庚子字로 책을 인쇄한 시간은 거의 일치하고 있는 것을 알 수 있다. 만약 이 黃蠟을 주자소에서 사용하기 위한 것으로 공출된 뒤, 黃蠟이 남았다는 의미는 庚子 주자가 이미 黃蠟에 대한 의존에서 벗어났다는 것을 말해주는 것이다. 이런 시각에서 볼 때 庚子字 밑 부분이 평탄했다는 설도 나름대로 설득력을 지닌다.

---

25) 『世宗莊憲大王實錄』 제33권, 八年 丙午 九月 乙未條, 『朝鮮王朝實錄』, 국사편찬위원회, 1955, vol.3, p.42. "戶曹啓 奉常寺黃蠟一年所用不過二百五十餘斤　而見在一千一百六十六斤　請各道貢黃蠟五百九十四斤八兩限二年減除　從之"

2) 甲寅 개량의 실제

(1) 개량의 원인

경자개량 이후 다시 甲寅개량을 하게 된 원인은 庚子字가 부피가 작아 당시 지식인층, 특히 세종의 심미관에 부합되지 않아 글자체가 큰 주자를 새로 주조할 필요이 제기되었기 때문이었다. 낭시에 싱황에 대해 金鑌은 「鑄字跋」에 다음과 같이 적고 있다.

> 전하께서 知中樞院事 臣 李蔵에게 "경이 감독하여 만든 주자로 인쇄한 책들은 정미한 편이나 글자가 너무 작아 읽기 힘들다. 그러니 대자를 '字本'으로 하여 다시 주자를 만드는 것이 좋지 않겠는가"라고 했다.[26]

이 기록으로부터 알 수 있는 바와 같이 庚子字 字形이 작은 것에 대해 世宗은 탐탁하게 생각하지 않았다. 그러니까 갑인개량을 하게 된 직접적인 이유는 효율성 그 자체의 측면에서라기보다는 자형의 미관에 중점을 두면서 효율성을 높이기 위한 것이었다. 당시 世宗뿐만 아니라 지식인들도 大字를 선호하는 경향이 있었으므로 이 갑인개량을 더 설득력을 얻고 추진되었을 것이다. 이와 같은 사정들은 甲寅 개량을 진행하기 한 달 전 都承旨 安崇善이 判中樞院事 許稠의 의견을 世宗에게 전달한 다음과 같은 기록을 통해 확인할 수 있다.

---

26) 金鑌, 『鑄字跋』, "殿下謂知中樞院事臣李蔵曰 卿所嘗監造鑄字 印本固爲精好矣 第恨字體纖密 難于閱覽 更用大字本重鑄之尤佳也"

도승지 안숭선이 판중추원사 허조(許稠)의 말로써 아뢰기를 "(中略) 2. '대체로 사람은 부모가 낳고 임금이 기르는 것이니, 임금의 은혜가 중하옵니다. 성리학(性理學)의 여러 책은 절요(切要)한 글이오나, 자획(字劃)이 가늘고 작아서 늙은 눈에 보기 어려우니, 원컨대, 큰 글자로 간행하기를 명하시어 늙은 눈에 보기 편하게 하시면, 노신들이 길이 성은을 입겠나이다.'고 하였습니다."하니, 임금이 말하기를, "말한 것이 모두 옳으나, 그러나, 나라를 다스림에 하필 한 가지 일의 득실로 국가의 흥망성쇄가 달렸다고 하겠느냐. 오늘날 김산(金山)을 받아들였다고 하여, 곧 내일에 야인들이 크게 군사를 일으켜 침략해 와서 해를 입힌다고는 말할 수 없을 것이다. 성리 군서(性理群書)는 비록 절요하다고는 할지라도 어찌 성리대전(性理大全)보다 더하겠느냐. 일이 한가할 때에 간행하도록 하여 반사(頒賜)하겠다."하였다.27)

許稠의 이 건의를 추진하고, 그 해 7월 세종은 李蕆에게 주자개량을 계속하도록 하게 하여 甲寅개량이 시작된 것이다.

(2) 기술적 준비 과정

庚子 개량을 실시한 후부터 甲寅 개량을 실시하기 전까지의 10여 년 동안 조선왕조는 여러 차례 금속주조에 관련된 工事를 진행하였으므로 주자 공예 수준도 끊임없이 발전되었다. 예컨대 庚子 개량을

---

27) 『世宗莊憲大王實錄』 제64권, 十六年 甲寅 六月 乙丑條, 『朝鮮王朝實錄』, 국사편찬위원회, 1955, vol.3, p.573. "都承旨安崇善以判中樞院事許稠之言啓之 (中略) 其二曰 凡人父母 生之君 養之君 恩至重 性理群書切要之書也 字畫微細 艱於老眼 願命印大字 便於老眼 使老臣等永被聖恩 上曰 所言皆是 (中略) 性理群書雖曰切要 豈能加於『性理大全』乎 事閑則令印頒賜"

실시한 이듬해 당시에 중량을 다는 '저울(稱子)'이 정확하지 않으므로 세종이 李蕆에게 개조하도록 명하였다.

이보다 앞서, 임금이 공청이나 사가에서 사용하는 저울[稱子]이 정확하지 아니하므로, 공조 참판 이천(李蕆)에게 명하여 개조하게 하였다. 이날에 이르러 1천 5백 개를 민들이 올렸는데, 자못 정확하게 되었으므로 중외(中外)에 반포하고, 또 더 만들어서 백성들로 하여금 자유로이 사들이게 하였다.[28]

반년 후에 李蕆이 새로운 규격의 저울을 개조해 백성들이 자유롭게 구매하도록 한 뒤, 이후에는 일종의 도량형을 통일하기 위해 강제로 저울을 구매하도록 했다. 이는 새로운 규격의 저울이 비교적 정교하게 만들어졌다는 것을 시사해준다. 또한 얼마 안 되어 조선왕조는 동전을 주조하여 발행하기 시작하였는데 초기에는 돈의 중량이 동일하지 않고 동전이 정교하지 않으며 동전에 새겨진 그림과 글자가 분명하지 않은 등 현상이 있었다.

호조에서 계하기를, "일찍이 교지(敎旨)를 받잡기를, '동전(銅錢) 1백 50문(文)으로 동(銅) 1근에 준하라.' 하였사오나, 새로 주조한 전문(錢文) 의 경중이 같지 않아서, 1백 50문의 중량이 동 1근보다 무겁고, 또 주조의 비용이 적지 않사온대, 1백 50문으로서 동 1근에 준하다면, 전화(錢貨)의 가치가 너무 경하오니, 청컨대, 1백 30문으로 銅 1근에 준하도록 하소서."하니, 그대로 따랐다.[29]

---

28) 『世宗莊憲大王實錄』 제16권, 四年 壬寅 六月 乙巳條, 『朝鮮王朝實錄』, 국사편찬위원회, 1955, vol.2, p.486. "初 上以公私稱子未精 命工曹參判 李蕆參考改造 至是 以一千五百上之 頗精 頒之中外 又命加造 許民自買"
29) 『世宗莊憲大王實錄』 제27권, 七年 乙巳 二月 戊申條, 『朝鮮王朝實錄』, 국사편찬위원회, 1955, vol.2, p.652. "戶曹啓 曾奉教旨 以銅錢一百五十

그러나 끊임없는 주조 실험을 거듭하여 동전의 주조공예도 계속 提高되었으며 동전 주조의 질에 관한 문제들도 점점 없어졌다. 이 후에도 계속하여 渾天儀·更點之器·日晷 등 정밀기기들을 주조해 냈다.[30] 이런 주조기술의 발달과 더불어 주자인쇄술이 발전할 수 있었던 것이다.

木版 인쇄를 하든 活字 인쇄를 하든 모두 印版 위의 字面은 수평을 유지해야 한다. 만약 印版의 字面이 수평을 이루지 못해 高低가 불균형하면 인쇄 속도에 영향을 줄뿐만 아니라 인쇄의 질에 심각한 영향을 끼치게 되기 때문이다. 그 결과 글자가 흐리거나 심지어는 간혹 어떤 글자는 온전히 인쇄되지 않는 경우가 발생된다. 그러므로 일련의 주조 공사를 벌려 관련분야의 다양한 기술이 축척되는 것은 주자 기술의 발전에 있어서 매우 중요한 요건이 된다. 주조 공예가 점점 더 섬세해짐에 따라 갑인자가 궁극적으로 黃蠟에 의존하던 데서 탈피하여 활자의 높이가 일치하게 되었고 字面이 일정하게 수평을 유지하게 할 수 있었던 것이다. 세종 때에 이룩된 주조 관련 분야의 발전이 주자 기술 발달에 직접적 배경이 된 것이다.

이런 일련의 주조 공사와 더불어 주자기술 발전에 바탕이 된 또 다른 배경은 당시 세종이 인재를 중히 여기는 풍토였다. 서거정은 『필원잡기』에서 다음과 같이 기록하고 있다.

세종이 처음 아악(雅樂)을 제정함에 중추(中樞) 박연(朴堧)이 도와

文准銅一斤 然新鑄錢文輕重不一 一百五十文之重重於一斤 且鑄造之費
不細 而以一百五十文准銅一斤則錢貨過輕 請以一百三十文准一斤 從之"
30) 『世宗莊憲大王實錄』 제24권, 六年 甲辰 五月 庚辰條, 『朝鮮王朝實錄』,
국사편찬위원회, 1955, vol.2, p.595. "命闕內更點之器其考中國體制鑄銅
以進"

서 이룩하였다. 그는 앉으나 누우나 매양 가슴에 손을 얹고 악기 치
는 시늉을 하며, 입으로는 휘파람을 불어 음률(音律)의 소리를 내어가
며 10여 년의 공을 쌓아 비로소 이룩하니, 세종이 매우 중하게 여겼
다. 세종은 또 자격루(自擊漏)·간의대(簡儀臺)·흠경각(欽敬閣)·앙부
일귀(仰釜日晷) 등을 제작하였는데, 만든 것이 극히 정치(精緻)하였으
며, 모두가 왕의 뜻에서 나왔었다. 비록 여러 공장(工匠)들이 있었으
나 임금의 뜻을 맞추는 이가 없었는데, 오직 호군(護軍) 장영실(蔣英
實)이 임금의 지혜를 받들어 기교(奇巧)를 다하여 부합되지 않음이 없
으니 임금이 심히 중히 여겼다. 사람들이 모두 말하기를, "박연과 장
영실은 모두 우리 세종의 훌륭한 제작을 위하여 시대에 응해서 난 것
이라." 하였다.31)

이와 같은 내용은 成俔의 『慵齋叢話』에서도 확인할 수 있다.

　　장인(匠人)의 임무는 비록 천하지만 성품이 공교한 사람이 이 일을
하는 까닭으로 세상에서 그런 사람이 드물다. 국초에 환자(宦者) 김사
행(金師幸)과 세종조(世宗朝)에 이천(李蕆)과 장영실(蔣英實)이 있었는
데, 천(蕆)은 벼슬이 2품에 이르렀다.32)

여기서 언급한 李蕆과 蔣英實은 모두 甲寅 개량의 주요 핵심 인
물들이었다.

---

31) 徐居正, 『筆苑雜記』권1, 『國譯大東野乘』권3, 민족문화추진회, 1971, vol.1,
　　p.272. "世宗始制雅樂　朴中樞堧贊成之　每坐臥　手於心胸之間爲夏擊形
　　嘯於口吻之中爲律呂聲　積十餘年乃成　世宗深倚重之　世宗又制自擊漏
　　簡儀台　欽敬閣仰釜日晷　製作極爲精緻　皆出於宸衷(按: 疑爲衷)雖百工
　　匠無能副上意者　惟護軍蔣英實仰承睿智　運奇騁巧　無不泂合　上甚重之
　　人皆曰　堧(按: 疑爲堧)與英實皆爲我世宗制作之盛應期而生也"
32) 成俔, ≪慵齋叢話≫권9, 『國譯大東野乘』권2, 민족문화추진회, 1971, vol.1,
　　p.230. "匠作之任雖賤　然性巧者爲之　故世亦罕有其人　國初宦者金師幸
　　世宗朝李蕆　蔣英實　蕆官至二品"

(3) 개량의 실재 과정

甲寅개량은 世宗16년 (1434)甲寅에 시작되었다. 이와 관련된 내용은 金鑌의 「鑄字跋」에 자세히 기록되어 있다.

> 선덕 9년 7월, 전하께서 이산에게 "경이 감독하여 만든 주자로 인쇄한 책들은 정미한 편이나 글자가 너무 작아 읽기 힘들다. 그러니 대자를 '자본'으로 하여 다시 주자를 만드는 것이 좋지 않겠는가"라고 했다. 그리하여 李蕆이 감독을 하고 集賢殿直提學 臣 金墩·直集賢殿 臣 金鑌·護軍 臣 蔣英實·僉知司譯院事 臣 李世衡·議政府舍人 臣 鄭陟·奉常注簿 臣 李純之·訓鍊觀參軍 臣 李義長 등이 세부적인 일들을 책임지게 되었다. '經筵'이 소장하고 있던 『孝順事實』·『爲善陰騭』·『論語』등 서적을 '字本'으로 하였는데 책에 없는 글자들은 진언대군더러 다시 쓰게 하였다. 7월 12일부터 시작하여 2개월 동안 20만개의 주자를 주조하였으며 이듬해 9월 9일에 책들을 인쇄하기 시작하였는데 하루에 40여 페이지를 찍어내었다. 글자체가 분명하고 인쇄가 용이하여 과거보다 2배의 정도로 좋아졌다.[33]

갑인개량 작업은 7월 12일에 시작해 世宗이 知中樞院事 李蕆·集賢殿直提學 金墩·直集賢殿 金鑌·護軍 蔣英實·僉知司譯院事 李世衡·議政府舍人 鄭陟·奉常注簿 李純之·訓鍊觀參軍 李義長 등

---

[33] 金鑌, 「鑄字跋」, "宣德九年秋七月 殿下謂知中樞院事臣李蕆曰 卿所嘗監造鑄字 印本固爲精好矣 第恨字體纖密 難于閱覽 更用大字本重鑄之 尤佳也 仍命監其事 集賢殿直提學臣金墩 直集賢殿臣金鑌 護軍臣蔣英實 僉知司譯院事臣李世衡 議政府舍人臣鄭陟 奉常注簿臣李純之 訓鍊觀參軍臣李義長等掌之 出經筵所藏孝順事實 爲善陰騭 論語等書爲字本 其所不足命晋陽大君臣李王柔 書之 自其月十有二日始事 再閱月而所鑄至二十有余萬字 越九月初九日始用以印書 一日所印可至四十余紙 字體之明正 功課之易就 比舊爲倍矣"

에게 명하여 주자를 주조하는 일을 책임지게 하였던 것이다. 鑄字는 經筵에 소장하고 있는『孝順事實』·『爲善陰騭』·『論語』등의 글자체를 '字本'으로 하였다. 이런 책들의 자체는 모두 이전에 明朝 內府 經廠에서 雕刻한 書籍들로서 글자체가 듬성듬성하고 일목요연한 특징이 있다. 이 책에 없는 글자들은 진양대군 李瑈가 보충하여 썼으며 주조의 효율성이 매우 높아 두 달도 안 되는 시간에 대소 수자 20여 만 개를 부어냈다는 것이다. 이 해가 甲寅년이므로 이 해에 주조한 주자들을 '甲寅字'라고 한다. 甲寅字가 주조 된지 얼마 안 되는 9월 9일부터 甲寅字로 서적을 인쇄하기 시작하였는데 인쇄 효율도 대폭 제고되어 하루에 40여 쪽을 찍어낼 수 있었다. 이는 庚子字보다 한 배 빠른 인쇄 속도였던 것이다.

(4) 개량의 내용

甲寅字의 주조, 組版 및 인쇄방법에 대해 成俔은『慵齋叢話』에서 비교적 상세하고 기록하고 있다. 그 기록을 살펴보기로 한다.

대개 주자하는 법은 먼저 황양목(黃楊木)을 써서 글자를 새기고, 해포(海蒲)의 부드러운 진흙을 평평하게 인판에다 폈다가 목각자(木刻字)를 진흙 속에 인착하면 찍힌 곳이 옴폭 들어가서[凹]글자가 되니, 이때에 두 인판을 합하고 녹은 구리를 한 구멍으로 쏜아 부어 흐르는 구리액이 옴푹 들어간 곳에 들어가서 하나하나 글자가 되면 이를 깎고 또 깎아서 정제한다. 나목에 새기는 사람을 각자(刻字)라 하고 주조하는 사람을 주장(鑄匠)이라 하고, 드디어 여러 글자를 나누어서 궤에 소장하였는데, 그 글자를 지키는 사람을 수장(守藏)이라 하여 나이 어린 공노가 이 일을 하였다. 그 서초(書草)를 부르는 사람을 창준(唱准)이라 하였으면 모두 글을 아는 사람들이 이 일을 하였다. 수장이 글자를 서초 위에 벌려 놓고 판에 옮기는 것을 상판(上板)이라 하고, 대나무 조각으로 빈 데를 메워 단단하게 하여 움직이지 않게 하는 사람을 균자장(均字匠)이라 하고, 주자를 받아서 이를 찍어내는 사람을 인출장(印出匠)이라 하였다. 그 감인관(監印官)은 교서관원(校書舘員)이 되었으며 감교관(監校官)은 따로 문신에게 명하여 하게 하였는데.34)

甲寅字는 이전의 활자들과 많이 달랐다. 甲寅字의 육 면은 반듯하고 네모난 것이었다. 배열하여 인쇄할 때 밑 부분을 蜜蠟으로 접착시킬 필요가 없이 활자와 활자를 밀집시켜 고착시켰다. 이런 組版 방법을 組立式 배열법이라고도 한다.

組立式 組版法은 원리상 固着式 조판법과 질적으로 구별되어 이 조판법의 출현은 활자인쇄사상 일대 획기적인 비약이라고 할 수 있다. 이 방법을 사용하게 됨으로써 활자의 字面 면적이 커짐에 따라 제약을 받은 종래의 단점을 극복할 수 있게 되었다. 甲寅字의 字面 면적의 크기는 大字가 1.4×1.6센티미터이고, 소자가 1.4×0.8센티미터가 되어 이전 '癸未大字'의 크기에 거의 이르게 되었다. 따라서 인

---

34) ① 成俔, 『慵齋叢話』권7, 『國譯大東野乘』권2, 민족문화추진회, 1971, vol.1, p177. "大抵鑄字之法 先用黃楊木刻諸字 以海蒲軟泥平鋪印板 印着木刻字於泥中 則所印處凹而成字 於是合兩印板 鎔銅從一穴瀉下 流液分入凹處 一一成字 遂刻剔重複而整之 刻木者曰刻字 鑄成者曰鑄匠 遂分諸字 貯于藏樻 其守字者曰守藏 年少公奴之 其書草唱准者曰唱准 皆解文者之 守藏列字於書草上 移之於板 曰上板 用竹木破添空而堅緻之使不搖動者曰均字匠 受而印之者 曰印出匠 其監印官則校書館員爲之 監校官則別命文臣爲之"
② 成俔이 기록한 鑄字의 鑄造・組版・印刷등 방법에 대해서는 조형진, 「금속활자인쇄의 조판기술」, 『서지학보』13(1994.9) 그리고 「한중양국 활자인쇄의 기술적 과정」, 『서지학연구』17(1999. 6) 참조할 수 있음.

쇄 작업 효율성 면에서도 높아져 하루에 40여 쪽을 인쇄할 수 있게 되었다. 이는 '癸未大字'로는 전혀 불가능한 거의 기적에 가까운 것이었다. 이런 일련의 과정을 통해서 조선왕조는 世宗시기에 이르러 활자와 인판 간의 견고성 문제를 마침내 해결하였으며 대형 활자에 대한 사람들의 수요도 충족시켜 활자인쇄기술에 있어서 질적인 비약을 가져다주었다.

4. 주자 기술의 해외 전파 의지

1) 관련 문헌의 검토

세종은 일찍이 중국에 사신을 파견해 주자인쇄 기술에 관해 문의하도록 한 바 있다. 『世宗實錄』을 보면 世宗 17(1435)년 8월 癸亥에 刑曹參判 南智를 聖節使로 명나라 파견한 기록이 보인다. 이때 從事官이 휴대한 '事目' 중에 다음과 같은 항목이 있었다.

"본국의 주자(鑄字)는 납(蠟)을 사용하매 일이 자못 많고, 후에 고친 주자(鑄字)도 네 모퉁이가 평평하고 바른데다가 그 주자(鑄字)의 체제(體制)가 두 가지 모양이니, 중국 주자의 자체(字體)와 인출(印出)

하는 일을 자세히 찾아서 물을 것이다.”하였다.35)

4개월 후(12월 庚戌)에 聖節使通事 金漢과 全義 등이 事目을 가지고 조선으로 돌아와 事目에 대해 문의한 결과를 世宗에게 일일이 고했다. 하성절단은 중국에 도착한 후, 書狀 鄭爾漢이 事目에 열거한 문제들을 明의 禮部員外郎 簫儀에게 문의하였다.『世宗實錄』의 기록에 의하면 주자에 관해 문의할 때의 상황은 다음과 같다.

또 묻기를, “글자 모양은 동(銅)으로써 낱낱이 주조(鑄造)하여 글에 따라 글자를 배열(排列)하여 인출(印出)하였습니까.” 하니, 소의가 대답하기를, “그렇지 않다. 옛날에는 혹은 동으로 주조(鑄造)한 글자와 판(板)을 서로 붙였으나, 제도는 목판(木版)과 일반이되, 공비(功費)가 심히 많이 들므로, 근래에는 모두 목판을 사용합니다.”고 했다.36)

이는 한·중 인쇄기술 교류에 대해 처음으로 명확하게 역사책에 기재된 것이라는 측면에서 적잖은 의의를 지닌다.

---

35)『世宗莊憲大王實錄』第69권, 十七年 乙卯 八月 癸亥條,『朝鮮王朝實錄』, 국사편찬위원회, 1955, vol.3, pp.648~649. “本國鑄字用蠟功頗多 後改鑄字 四隅平正 其鑄字體制二樣矣 中朝鑄字字體印出施爲備細訪問”
36)『世宗莊憲大王實錄』第70권, 十七年 乙卯 十二月 庚戌條,『朝鮮王朝實錄』, 국사편찬위원회, 1955, vol.3, p.661. “又問曰 字樣以銅個個鑄之 隨書排字而印出乎 儀答 不是 昔者或以銅鑄之 字與板相付 制度與木板一般 功費甚鉅 近來皆用木板”

2) 관련 문헌상에 드러난 전파 의도

(1) 관련 문헌의 공식적 성격

世宗 때 명나라에 파견된 사절단과 명나라의 사절단을 접대한 조선 사람들은 언행에 있어 엄격한 제약을 받았다. 언행에서 자칫 실수하면 목숨을 잃는 禍를 초래하기도 하였다. 『世宗實錄』의 기록에 의하면 世宗 13년에 通事 金陟이 명나라 사람들과 접촉하는 과정에 '조선의 書狀官은 중국의 御使와 같다'라는 말을 했다고 하여 국사를 누설한 죄로 처형을 받았다고도 한다.[37]

『世宗實錄』을 보면 世宗 16년에 禮曹에서는 중국에 있는 가족들과 서신을 왕래하고 소식을 전하는 것을 금하며 중국에 파견되는 通事들이 본국의 대소사건에 대해 운운하는 것을 금한다는 기록이 있다. 만약 이를 위반할 시에는 '漏泄軍情大事律'에 따라 죄를 묻는다는 법령도 제정하였다.

예조에서 아뢰기를 "인신은 대의로 보아 사적 교제가 있을 수 없사온데, 누차 명나라에 간 인사들에게, 본가의 족속들이 대체를 돌아보지 않고 명나라 사신이 내왕하거나, 본국 사신이 북경으로 갈 때에 혹은 서신을 부치고 혹은 말을 전해 보내곤 하니, 사체로 보아 옳지 못한 일입니다. 개중에 부득이 서로 통해야 할 일이 있으면, 이를 본조에 구체적으로 신고하여, 다시 이를 계달한 뒤에, 비로소 북경으로

---

37) 『世宗莊憲大王實錄』 제53권, 十三年 辛亥 七月 丙寅條, 『朝鮮王朝實錄』, 국사편찬위원회, 1955, vol.3, p.329. "刑曹啓 通事金陟語伴送人曰 我國書狀官比中朝御史 漏泄國事 律該處斬 從之"

가는 통사(通事)에게 주어서 들여보내게 하고, 전과 같이 은밀히 상통한 자와 수수(授受)한 자는 모두 군정 대사(軍情大事)를 누설한 율문에 의하여 죄를 결단하시고, 북경으로 나아가는 통사로서 그 위임을 받고 가는 사무 이외에 필요 없이 본국 대소의 사정을 말한 자에게도 이 율문에 의하여 죄를 논단하게 하소서."하니, 그대로 따랐다.38)

이 법령이 반포된 지 얼마 안 되어 다음과 같은 일이 발생하였다.

진응사(進鷹使) 정발(鄭發)·통사(通事) 강상부(姜尙傅)·서장관(書狀官) 백효삼(白效參)이 북경에 나아가 예궐(詣闕)하니, 우리나라의 화자(火者) 정선(鄭善)이 상부(尙傅)를 보고 울면서 말하기를, "사부(師傅)께서 오셨습니다 그려."하였는데, 상부는 우리 나라에 있을 때에 일찍이 화자(火者)들에게 한어를 가르쳤고, 정선(鄭善)도 본국에 있을 때에 또한 그에게 배운 까닭으로, 사부(師傅)하고 칭한 것이다. 상부도 울면서 서로 말하였고, 상부의 첩 종제(姜從弟)가 집찬비(執饌婢)로써 중국에 가서 있었으므로, 상부가 그의 안부를 물으니, 정선이 죽었다고 말하고는, 정발을 보고 말하기를, "그대는 본국의 사금(司禁)임을 내가 보아 알겠다."고 하였다. 정발(鄭發) 등이 다시 돌아와 정선(鄭善)을 만나 서로 말한 일을 아뢰지 아니하였는데, 진응사의 종행자(從行者)이던 장현(張賢)이 이를 아뢰게 되어 정발 등을 의금부에 내려 아뢰지 아니한 죄[不啓之罪]로 다스리니, 상부는 장(杖) 1백을 속(贖)바치게 하고, 정발은 공신의 후손이므로 죄를 면하였으나, 효삼(效參)은 검찰관(檢察官)으로서 능히 방지하지 못하고 상부 등으로 하여금 중국에 들어간 내관[宦寺]과 서로 대화하게 하였으므로, 장(杖)

---

38) 『世宗莊憲大王實錄』 제63권, 十六年 甲寅 三月 戊戌條, 『朝鮮王朝實錄』, 국사편찬위원회, 1955, vol.3, p550. "禮曹啓 人臣義無私交 累次入朝人等 本家族屬不顧大體 其於朝廷使臣來往及本國使臣赴京 或寄書信 或通言語 於義不可 其中不得已有相通之事 具告本曹 轉聞後乃授赴京通事入送 如前潛隱相通者 授受之人並依漏泄軍情大事律科罪 其赴京通事 委去事外 閑言本國大小事情 亦依此律科罪 從之"

60을 속(贖)바치게 하였다.[39)

이 사건은 당시 조선왕조가 禮曹의 유관 법령을 실행함에 있어서 매우 철저하였으며 추호의 사정도 봐주지 않았다는 것을 말해준다.

상술한 事目에서 만들어진지 얼마 안 된 주자인쇄기술에 대한 소개한 것과 중국에 사신을 파견해 관련 기술을 문의한 것 등은 모두 世宗이 직접 제정하였으며 심지어는 世宗이 친필로 작성하기도 하였다. 물론 事目의 내용들은 세종익 주관적인 의지에 의해 진행된 것이었다.

(2) 개량의 추진과정에서 본 전파의 의지

世宗이 사신들을 중국에 파견해 주자인쇄 기술에 대해 문의하게 한 것은 甲寅字를 주조하고 금속활자인쇄기술에 대해 근본적이고 철저한 개량을 진행한 이듬해인 世宗 17년에 있었던 일이다. 여기서 한 가지 의문점을 갖지 않을 수 없다. 즉, 庚子년에 시작한 초보적인 개량에서부터 甲寅년의 최종 개량에 이르기까지 14년 동안 世宗이 중국의 활자기술에 대해 알아보고자 했다면, 왜 개량 방안으로 고심하

---

39) 『世宗莊憲大王實錄』 제64권, 十六年 甲寅 六月 庚申條, 『朝鮮王朝實錄』, 국사편찬위원회, 1955, vol.3, p.572. "庚申 進鷹使鄭發 通事姜尙傳 書狀官白效參赴京詣闕 本朝火者鄭善見尙傳 泣曰 師傅來矣 尙傳在本朝尙(按:疑爲曾)敎火者以漢語 善在本朝亦學馬(按:疑爲焉) 故稱師傅 尙傳亦泣相話 尙傳妾從弟以執饌婢入朝 尙傳問其安否 善曰 死矣 見鄭發曰 君爲本朝司禁 我見知 發等回還 不啓見善相話事 爲鷹師從行者張賢所啓 下發等義禁府 治其不啓之罪 尙傳贖杖一百 發以功臣之孫免 效參以檢查官不能防禁 使尙傳等與入朝宦寺相話 贖杖六十"

던 甲寅년 전에 사신들을 중국에 파견하지 않고 개량 방안이 나온 뒤에야 비로소 사신들을 파견했을까 하는 문제이다.

世宗 재위시 해마다 많은 사신들을 명나라에 파견하였고 동시에 많은 명나라 사신들도 조선에 파견되었다. 『世宗實錄』에 기재된 기록에 의하면 世宗15년 正月乙卯부터 16년 7월 丁丑에 甲寅字 주조까지 조선은 명나라 수도인 북경에 모두 14번이나 사신을 파견하였다. 다음은 그 구체적인 내용들이다.

(1) 十五年癸丑二月丙子。遣大護軍李尙恒進獻海青一連于京師。
    (『世宗庄憲大王實錄』 제59권, 『朝鮮王朝實錄』 제3권, p441, 국사편찬위원회, 단기4288년, 서울)

(2) 十五年癸丑三月丁丑。遣中樞院副使金孟誠、工曹參判李競如京師謝恩。
    (『世宗庄憲大王實錄』 제59권, 『朝鮮王朝實錄』 제3권, p462.)

(3) 十五年癸丑四月乙酉。遣上護軍金乙玄奉奏本如京師,
    (『世宗庄憲大王實錄』 제60권, 『朝鮮王朝實錄』 제3권, p463.)

(4) 十五年癸丑五月乙丑。遣戶曹參議權復如京師奏邊警
    (『世宗庄憲大王實錄』 제60권, 『朝鮮王朝實錄』 제3권, p477.)

(5) 十五年癸丑閏八月乙亥。遣上護軍許之惠賚奏本如京師。
    (『世宗庄憲大王實錄』 제61권, 『朝鮮王朝實錄』 제3권, p510.)

(6) 十五年癸丑九月壬午。千秋使工曹參判朴安臣奉賀盞(按: 疑爲箋)如京師。
    (『世宗庄憲大王實錄』 제61권, 『朝鮮王朝實錄』 제3권, p512.)

(7) 十五年癸丑十月辛酉。遣吏曹參判金益精、中樞院副使金益生如京師賀正。

(『世宗庄憲大王實錄』≫第62권。『朝鮮王朝實錄』제3권, p520.)

(8) 十五年癸丑十月辛未。遣星原君李正寧、同知敦寧府事崔士儀如京
師謝賜彩帛。

(『世宗庄憲大王實錄』제62권, 『朝鮮王朝實錄』제3권, p521.)

(9) 十五年癸丑十一月已丑。遣參贊成抑賀聖節。

(『世宗庄憲大王實錄』제62권, 『朝鮮王朝實錄』제3권, p526.)

(10) 十五年癸丑十一月乙未。差中樞院副使李孟畛同使臣將進獻海青五
連、執饌

婢子寶金等二十名如京師。

(『世宗庄憲大王實錄』제62권, 『朝鮮王朝實錄』제3권, p526.)

(11) 十五年癸丑十二月乙卯。遣上護軍鄭發進文魚五百首、大口魚五百
尾、海青

二連、白鷂子一連。

(『世宗庄憲大王實錄』제62권, 『朝鮮王朝實錄』제3권, p530.)

(12) 十五年癸丑十二月甲戌。遣宜山君南暉、中樞院副使洪理如京師謝
賜書籍, 兼賀祥瑞。

(『世宗庄憲大王實錄』제62권, 『朝鮮王朝實錄』제3권, p533.)

(13) 十六年甲寅正月辛丑。僉知中樞院事李伯寬賚進獻大犬二十只、人
參一千斤

如京師『世宗庄憲大王實錄』제32권, 『朝鮮王朝實錄』제3권, p540.)

(14) 十六年甲寅三月庚辰。進獻使上護軍李士信賚海青二連如京師。

(『世宗庄憲大王實錄』제63권, 『朝鮮王朝實錄』제3권, p546.)

이 기간에 명나라는 조선에 사절단을 세 차례 파견하였다. 구체적
으로 보이면 다음과 같다.

(1) 十五年癸丑閏八月庚申。指揮孟捏哥來、百戶崔眞等奉敕而來。
(『世宗庄憲大王實錄』 第61권, 『朝鮮王朝實錄』 第3권, p504.)

(2) 十五年癸丑十月壬戌。太監昌盛、內官李祥、張奉奉敕而來。
(『世宗庄憲大王實錄』 第62권, 『朝鮮王朝實錄』 第3권, p520.)

(3) 十五年癸丑十一月已丑。使臣王欽、王武先到太平館, 見昌、李,
遂館于興天。命東宮代行慰宴。
(『世宗庄憲大王實錄』 第62권, 『朝鮮王朝實錄』 第3권, p526.)

이상에서 알 수 있는바와 같이, 만약 世宗이 甲寅 개량을 실시하기 전에 당시 중국의 주자 상황을 살펴 참고하고자 했다면 수시로 빈번하게 오고갔던 조선과 명나라 사신들을 통해 알아볼 수 있었을 것이다. 그러나 世宗은 이 일을 개량 전에 추진하지 않고 甲寅개량의 구상을 마친 뒤에 사신들을 중국에 파견하여 주자 인쇄술에 대해 문의하게 했다. 사실 이런 의도는 문의라기보다는 전파적 의도에 가깝다고 보아야 할 것이다.

世宗이 甲寅개량을 실시하자마자 주자 기술을 전파하지 않은 것은 다음과 같은 두 가지 이유에서 비롯된 것이다.

첫째는 당시 조선은 북방의 婆猪姜野人들을 征伐했던 시기기 때문에 문화적 교류를 추진할 여유를 갖지 못했던 것이다.

둘째는 당시 명나라는 宣宗이 붕어하고 명나라의 英宗이 즉위했던 시기였기 때문에 명나라조차도 문물교류를 논의할 만한 겨를이 없었던 것이다.

이런 이유로 말미암아 주자관련 문화교류는 잠시 보류되었다가 다음해 3월에 世宗은 명나라 禮部를 통해 『資治通鑑胡三省音注』와 『源委』를 구매할 계획을 논의하기 위해 대신들을 모아놓고 다음과 같은 얘기를 한다.

　　영의정, 황희 등을 불러 의논하기를, "『자치통감(資治通鑑)』 호삼성(胡三省)의 음주(音註)와 원위(源委)를 예부(禮部)에 자문(咨文)을 보내어 주청(奏請)하는 것이 어떻겠는가."하니, 황희 등이 아뢰기를, "서책은 재물에 견줄 것은 아니오나, 황제께서 새로 보위(寶位)에 올라 처음 그 진하(進賀)의 사절을 보내는 데에 겸하여 이를 청하는 것은 미안하오니, 성절사(聖節使)가 가는 것을 기다려서 주청하여도 늦지 않을 것입니다."하고, 성억(成抑) 등은 이뢰기를, "이미 진향(進香)·진위(陳慰)·등극(登極) 등의 사절을 보냈사온즉, 이번에 보내는 사절이 처음 보내는 것이 아니므로, 서적을 주청하여도 예의에 무방할 것 같습니다."하니, 임금이 말하기를, "황희 등의 논의가 옳으나, 내가 이 책을 보고자 하는 마음이 지극히 간절하니, 금번에 가는 부사(副使) 심도원(沈道源)으로 하여금 이를 금하여 사 오도록 하는 것이 어떻겠는가."하니, 모두 아뢰기를, "성상의 하교가 지당하옵니다."하였다.40)

世宗은 副使 沈道源에게 하루 빨리 『資治通鑑胡三省音注』와 『源委』을 구매하도록 하고 싶었지만 문화와 관련된, 특히 서적과 관련된 일들을 모아 聖節使를 파견할 때 한꺼번에 처리하기로 결정했다. 이는 世宗이 주자인쇄술에 대해 명나라에 문의하는 일을 뒤로 미뤄 세종 17년 8월에 聖節使를 파견 때에 추진한 이유이기도 하다.

---

40) 『世宗莊憲大王實錄』 제67권, 十七年 乙卯 三月 壬午條, 『朝鮮王朝實錄』, 국사편찬위원회. 1955, 서울. vol.3, p.618. "召領議政黃喜等議曰 『資治通鑑胡三省音注』及『源委』移咨禮部奏請何如 黃喜等曰 書冊非財物之比 然皇帝新登寶位 初遣進賀 兼請未安 待聖節使赴京 奏請未晚 成抑等曰 已遣進香 陳慰 登極使 則今此遣使非初遣也 書籍奏請於義無妨 上曰 黃喜等議爲是 然予之欲見此書至切 令赴京副使沈道源購求何如 僉曰 上教允當"

(3) 事目의 내용으로 본 실상

事目과 관련된 문헌기록의 원문을 자세히 읽어보면, 事目에는 중국 관리에게 문의할 내용들을 적기 전 앞부분에 조선에서 진행했던 활자인쇄 기술 개량에 대해 개략적으로 소개하고 있다. 이는 사전에 아주 세밀한 준비를 했다는 것을 말해준다. 사신에게 문의하라는 내용의 이 事目은 모두 39자로 이루어졌는데 그 중 문의에 관한 내용은 14자밖에 안 되어 전체 문장의 36%밖에 차지하지 않는다. 그러나 활자인쇄 기술 개량에 대해 소개하는 부분은 모두 25자로 전체 문장의 64%를 차지한다. 이런 내용을 통해 앞서 말한 것처럼 주자인쇄에 대해 문의하려 했다기보다는 명나라에 조선의 문물인 주자인쇄술을 전파하려는 뜻이 숨어 있다는 사실을 알 수 있다. 나아가 조선은 주자인쇄술을 빌어 명나라와 문물의 기술 교류를 하고자 했던 것으로 해석된다.

事目의 전문을 자세히 읽어보면 그 속에 내포되어 있는 상세한 상황에 대해 보다 더 종합적인 이해를 할 수 있다. 이와 관련된 기록을 『世宗實錄』에서 찾아보면 다음과 같다.

형조 참판 남지(南智)를 보내어 북경(北京)에 가서 성절(聖節)을 하례하게 하였다. 임금이 왕세자(王世子)와 여러 신하들을 거느리고 경복궁에서 표문(表文)에 배례하기를 의식과 같이 하고, 이내 호삼성(胡三省)이 음주(音註)한 ≪자치통감(資治通鑑)≫과 조완벽(趙完璧)의 ≪원위(源委)≫와 김이상(金履祥)의 ≪통감전편(通鑑前編)≫과 진경(陳經)의 ≪역대필기(歷代筆記)≫와 승상(丞相) 탈탈(脫脫)이 찬진(撰進)한 ≪송사(宋史)≫ 등 서적을 주청(奏請)하였다. 그 종사관(從事官)이 가지고 간 사목(事目)에,

"1. 태종 황제때 찬집(撰集)한 ≪사서대전(四書大全)≫·≪오경대전(五經大全)≫ 등의 서적은 이미 오래 되었는데, 본국에서는 처음에 이를 듣지 못하였다. 경자년에 이르러 경녕군(敬寧君)이 북경에 가서 내려 주심을 받았으며, 그 후에 여러 번 황제께서 내리심을 입어 피열(披閱) 관람하매, 정미(精微)한 부분까지 자세히 알아서 실로 깊은 이치에 남긴 것이 없었으니, 조정에서 찬술(撰述)한 서책[書史]으로 이와 같은 것이 많겠으나, 단지 본국에 도착되지 않았을 뿐임을 알겠다. 모름지기 자세히 물어 봐서 살 만하면 사도록 할 것이며,

1. 지금 주청(奏請)한 호삼성(胡三省)이 음주(音註)한 ≪자치통감≫과 조완벽의 ≪원위≫와 김이상의 ≪통감전편≫과 진경의 ≪역대필기≫ 등의 서적을 만약 황제께서 내리심을 입는다면, 사사로이 살 수는 없고, 예부(禮部)에서 만약 어부(御府)에도 없는 것이라 한다면, 또한 드러내어 구할 수는 없으며,

1. 이학(理學)은 ≪오경대전(五經大全)≫·≪사서대전(四書大全)≫·≪성리대전(性理大全)≫의 심오한 이치를 남김 없이 수록한 것이며, 사학(史學)은 후인(後人)이 찬술(撰述) 한 것이로되, 상고가 해박(該博)한 까닭으로, 반드시 전인(前人)의 것보다 나으니, 만약 본국에 없는 것으로 학자에게 이익되는 것이 있으면 이를 살 것이며, ≪강목서법(綱目書法)≫과 ≪국어(國語)≫도 또한 사 가지고 올 것이며, 무릇 책을 살적에는 반드시 두 질(帙)을 사서 탈락(脫落)한 것에 대비하게 할 것이며,

1. 북경에 만약 대전의 판본(板本)이 있으면, 종이와 먹을 준비하여 사사로이 인쇄 할 수 있는가 없는가를 아울러 물어 볼 것이며,

1. 지난번에 전하기를, '이미 찬술된 ≪영락대전(永樂大全)≫은 권질(卷帙)이 너무 많아서 즉시 간행(刊行)하지 못했다.' 하는데, 지금은 이미 간행되었는가 안 되었는가와 책 속에 갖추어진 것도 또한 아울러 자세히 물어 볼 것이며,

1. 본국의 주자(鑄字)는 납(蠟)을 사용하매 일이 자못 많고, 후에 고친 주자(鑄字)도 네 모퉁이가 평평하고 바른데다가 그 주자(鑄字)의 체제(體制)가 두 가지 모양이니, 중국 주자의 자체(字體)와 인출(印出)하

는 일을 자세히 찾아서 물을 것이다.”하였다.41)

당시 聖節使가 명나라에 간 목적은 聖節을 경하하는 것 외에는 모두 서적사업에 관한 일들을 위해서 였다. 앞에서 이미 논의한 바와 같이, 당시 조선은 婆猪姜野를 征伐하는 상황에 있었고, 명나라는 宣宗이 붕어하고 명나라 英宗의 즉위하는 과정에 있었으므로 문화교류와 관계되는 많은 일들은 잠시 접어둘 수밖에 없었다. 그러다가 世宗 17년 3월에 이르러 聖節使를 파견한 김에 모든 일을 아울러 해결한 것이다.

당시 서적과 관련된 많은 일 가운데 주목해야 할 것은 주자인쇄와 밀접히 관련되는 『永樂大典』의 내용 및 간행 상황에 대해 문의한 사실이다. 주자소가 설립되기 전에 鄭道傳과 太宗 등에 의해 이미 주자에 대한 인식적 차원에 있어서의 발전이 있었다. 이 뒤를 이은 세종은 기존에 있었던 주자의 효용성을 높이기 위해 두 차례에

41) 『世宗莊憲大王實錄』 제69권, 十七年 乙卯 八月 癸亥條, 『朝鮮王朝實錄』, 국사편찬위원회, 1955, vol.3, pp.648~649. “遣刑曹參判南智如京師賀聖節 上率世子及群臣拜表于景福宮如儀 仍奏請『胡三省音注資治通鑑』・趙完璧『源委』及金履祥『通鑑前編』・陳桱『歷代筆記』・丞相脫脫撰進『宋史』等書 其從事官賚去事目 一 太宗皇帝朝撰集『四書五經大全』等書久矣 本國初不得聞 逮至庚子 敬寧君赴京受賜 其後累蒙欽賜 披閱觀覽 詳細精微 實無餘蘊 乃知朝廷所撰書史類此者應多 但未到本國耳 須細問以來 可買則買 一 今奏請『胡三省音注資治通鑑』・趙完璧『源委』・金履祥『通鑑前偏(按:疑爲編)』・陳桱『歷代筆記』等書 若蒙欽賜 則不可私買 禮部如云御府所無 則亦不可顯求 一 理學則『五經四書性理大全』無餘蘊矣 史學則後人所撰考之該博 故必過前人 如有本國所無有益學者 則買之『綱目』・『書法』・『國語』亦可買來 凡買書必買兩件 以備脫落 一 北京若有『大全』板本 則措辦紙墨可私印與否 並問之 一 曩者傳云已撰『永樂大傳』 簡秩甚多 未卽刊行 今已刊行與否及書中所該亦並細問 一 本國鑄字用蠟功頗多 後改鑄字 四隅平正 其鑄字體制二樣矣 中朝鑄字字體印出施爲備細訪問”

걸쳐 주자개량을 시도해 실용성을 높이는데 성공한 것이다. 이런 주자인쇄의 장점 중에 하나는 거질의 서적도 목판에 비해 손쉽게 인쇄할 수 있다는 데 있었다. 바로 세종이 『永樂大典』의 간행에 대해 관심을 갖었던 것도 이와 같은 맥락에서 이해될 수 있는 사안이었던 것이다.

世宗은 사신들을 중국에 파견하여 주자관련 기술을 교류하고 주자인쇄술을 전파하고자 하였지만 유감스럽게도 당시 조선의 사신을 접대했던 밍나라 관리는 그 방면의 전문가가 아니었기 때문에 중국의 활자기술에 대해 잘 모르고 있는 상황이었다. 이런 까닭으로 말미암아 큰 성과를 얻기는 힘들었다.

제 5 장 요약과 전망

　본고를 통해 필자는 주자소 설립과 그 배경을 중심으로 상세한 전개 양상을 살피고 주자소의 지위가 확립되기까지의 제문제에 대해 종합적으로 논증하고자 했다. 관련 문헌들을 꼼꼼히 따져 당시의 상황을 객관적으로 이해하고자 한 것이다. 주자소와 관련된 사항들은 사실 정치·문화·경제 등 다양한 측면과 맞닿아 있고, 이들 간에는 서로 인과적 관계에 의해서 주자소가 설치되고 발전되었다는 것을 알 수 있었다. 太宗 때 처음으로 주자소를 둘러싸고 벌인 논쟁들과 세종 때 이뤄진 두 차례에 걸친 주자개량은 이런 사실들을 시사해 주고 있다.

　주자소가 최초로 건립되었을 때에는 주자소는 관내의 존재하는 한 기구였을 뿐 국가의 공식적인 기구는 아니었으며 주자도 大字만 주조해 내는 상황이었다. 이런 열악한 상황은 世宗 때에 이르러 일대 개변되게 된다. 다시 말해 세종 때는 주자인쇄사상 주자소를 관리할 수 있는 제도적 장치가 마련되고 실질적으로 운용할 수 있는 토대가 확고하게 다져진 시기라고 할 수 있다. 세종 때 제1차 주자인쇄 개량을 통해 얻어진 경자자와 제2차 개량을 통해 만들어낸 갑인자가 당시 조선의 주자인쇄 기술의 수준과 상황을 잘 대변해 준다.

　본고는 이런 조선의 인쇄문화의 발달 속에 존재하는 역사적 기록을 중심으로 한국에서 주자소 성립초기의 자세한 상황들을 살피는 동시에 학계에서 쟁점화 된 이슈들을 점검하고자 했다. 이를 통해 얻은 결론을 요약하면 다음과 같다.

먼저 제1장에서는 본고 이전에 있었던 주자소 관련 선행 연구에 대해 살펴 논의의 단서를 마련했다.

제2장에서는 주자소의 설립과 그 배경에 대해 살폈다. 그 결과, 주자소의 설립은 여말선초 시기에 성리학의 유행과 박학을 숭상하는 분위기가 사회적인 배경과 밀접한 관련이 있었다는 사실을 알 수 있었다. 이것은 성리학저서와 그밖에 다양한 분야에 대한 서적을 절박하게 요구했던 사회적 상황의 반영이라는 점을 드러냈다. 주자소 설립 이전의 주자 기술 배경이란 항목을 통해서 주자본『新印詳定禮文』은 高宗 19년(1232)에 인쇄되었으며,『南明泉和尚頌證道歌』는 강화도로 수도를 옮기기 전에 인쇄된 것이 아니라는 사실을 밝혔다. 주자소 설립 이전에 주자인쇄술은 木版 인쇄술에 비해 간편했기 때문에 이미 상당히 보편화되어 있는 실정이었지만, 당시 사람들의 인식상의 문제로 인하여 주자인쇄술은 목판인쇄에 대한 종속적인 지위에서 벗어나지 못했으며 木版인쇄의 보조적인 수단으로밖에 사용되지 못했다는 점을 드러냈다. 본고에서는, 이런 상황에서, 주자인쇄에 대한 일대 인식적 차원의 반전을 가져다 준 사람이 정도전이라 했다. 정도전의 주창과 계발로 인하여 주자 인쇄술은 점차 당시 사람들의 관심을 끌기 시작했다는 사실을 의미 있게 평가한 것이다.

제3장에서는 주자소의 설립 과정에 대해서 고찰했다. 태종에 의해서 주자소의 설립이 주창된 뒤 벌어진 대신들의 반대와 이를 둘러싼 論爭들에 대해 구체적으로 살펴 당시의 상황을 객관적으로 이해하고자 했다. 관련 자료를 통해 본고에서는 이때 벌어진 논쟁들은 주자소 설립 문제 자체로 인해 불거진 것이 아니라 大字의 제조 문제로 기인된 것임을 드러냈다. 당시 쟁론의 초점은 동이 결핍되었기 때문에 한층 가

열되었다는 점도 밝혔다. 본고에서는 주자소 설립에 드는 비용은 태종과 태종을 지지하는 일부 대신들이 개인 자금으로 충당되었다고 했다.

아울러 주자소 설립 초기에 관련된 자료를 검토한 결과, 주자소는 태종 개인에게 소속되었지 校書館에 소속된 것이 아니었다는 사실을 알 수 있었다. 당시 주자소는 군주의 闕內衙門이었으나 실제 기구는 왕궁 밖에 설치되어 있었다. 편제에 있어서는 눌로 이분화 되어 있었는데 그 하나는 임시적인 관료 기구였고 다른 하나는 상설하는 吏와 工匠으로 구성된 기구였음을 자료 분석을 통해 알 수 있었다.

주자소의 주요 활동이란 항목을 통해서 癸未大字의 주조방법이 성현이 『慵齋叢話』의 기록과 차이가 있다는 사실과 주자소 설립 초기에는 大字만 주조했다는 사실을 밝혔다. 이 癸未大字는 주자인쇄 시 효율성 떨어져 이후 주자개량을 하게 되는 계기가 되는 사실도 알 수 있었다. 본고에서는 계미자 印本 『經濟六典詳節』의 간행 여부에 대해서는 관련 기록을 誤讀한 결과라 보았으며 동일한 원인으로 말미암아 庚子字 印本이라고 인정했던 종래의 견해는 사실 『朝鮮國樂章』이 癸未字 혹은 더욱 이른 주자 印本이라는 점을 고증했다.

제4장에서는 주자소의 지위가 확립되는 정치 문화적 배경과 그 전개 과정에 대해 살폈다. 주자소 설립 초기인 太宗 때에는 기술과 기구 편재상의 문제로 인하여 주자소의 지위는 애매한 상태였으나 세종대에 이르러 주자기술 개량과 더불어 주자소의 지위가 확립되어 당시 조선의 서적인쇄를 총괄하게 되는 경위에 대해 논의했다. 즉, 세종이 내·외 주자소를 설치하고 주자소를 중앙의 서적을 주자하고 조판하는 일은 물론이고 지방에서 행해지는 모든 서적의 인쇄를 총괄하는 국가기구로 승격시킨 과정에 대해 살폈다.

주자 기술의 개량의 직접적인 원인으로 주자소 설치 후 주자인쇄

효율을 크게 저하시키는 '大字'의 출현을 들었고, 그 때문에 세종 때 제기된 주자인쇄의 효율성 저하에 대한 문제는 사실상 대자인 계미자로부터 제기된 것임을 밝혔다. 제1차 개량을 통해 만들어진 경자자는 주자인쇄의 효율성 측면에서 한층 발전된 모습을 보여주고 있다. 이를 만들기 위해 상당한 연구 기간이 소요되었고 세종의 부단한 관심과 감독 속에서 이에 관련된 모든 일들이 진행되었다는 사실을 확인할 수 있었다. 제2차 개량시에는 組立式 組版法이 사용되었음을 밝히면서, 이를 한국 활자인쇄사상 일대 획기적인 비약이라고 평가했다. 이런 일련의 과정을 겪으면서 조선왕조는 세종대에 이르러 활자와 인판 간의 견고성 문제를 마침내 해결하였으며 대형 활자에 대한 사람들의 수요도 충족시켜 활자인쇄 기술에 있어서 질적인 비약을 가져다 주었다고 했다. 이런 주자 기술은 世宗 17년에 '問疑'라는 명목으로 세종이 중국에 사신들을 파견해 기술 교류와 전파를 꾀하게 된다.

지금까지 본고에서는 주자소가 설립되기 이전의 상황으로부터 세종대 이루어진 갑인개량까지 주자소와 관련된 전반적 상황을 문헌을 통해 통시적으로 살펴보았다. 하지만 그 이후에 있었던 주자소의 활동과 실상, 그리고 간헐적인 생멸의 과정에 대해서는 다루지 못했다. 세종 때에 갑인개량과 같은 활발한 활동을 전개했던 주자소가 문종대에 이르러 폐지되었고 이후에 다시 언제 복원되었는지에 대해서는 어떤 사료에서도 언급되어 있지 않다. 이러한 연구 자료의 한계 때문에 세종 대 이후의 鑄字所史의 기술은 쉽지 않은 과제가 아닐 수 없다. 주자소 연구에 있어서 이와 같은 난제를 극복하기 위해서는 우선 꾸준한 자료의 발굴이 무엇보다 시급한 이유가 바로 여기에 있다. 갖춰진 자료를 토대로 희미하게나마 주자소의 생멸과정이 제시될 때 진정한 한국 동활자인쇄사의 근간을 제시할 수 있을 것이다.

참고문헌

1) 資 料

≪高麗史≫, 亞細亞文化社 影印本,1972
≪高麗史節要≫, 亞細亞文化社 影印本,1960
≪朝鮮王朝實錄≫, 國史編纂委員會 影印本, 檀紀4288
≪大東野乘(국역)≫, 民族文化推進會, 1971
≪燕行錄全集≫, 林基中編, 東國大學校出版部, 2001
≪增補文獻備考≫, 東國文化社 影印本, 1957
≪新增東國輿地勝覽≫, 東國文化社 影印本, 1958
≪韓國文集叢刊≫, 民族文化推進會 影印本, 1990
≪鑄字所應行節目≫, 摛文院 寫本, 1917

2) 단행본

金斗鍾, 『韓國古印刷技術史』, 探求堂, 1974
金斗鍾, 『韓國古印刷文化史』, 삼성미술문화재단, 1980
金炳國, 『鑄字事實』, 1917
金元龍, 『韓國古活字概要(國立博物館叢書甲第 1)』, 乙酉文化社, 1954
孫寶基, 『한국의 고활자』, 寶晉齋, 1971
孫寶基, 『韓國文化大系(韓國印刷技術史)』제 3권, 高麗大民族文化研究所,
    1968
孫寶基, 『금속활자와 인쇄술』, 세종대왕기념사업회, 1977

曺炯鎭, 『中韓兩國古活字印刷技術之比較硏究』, 臺北:學海出版社, 1986

千惠鳳, 『韓國古印刷史』, 韓國圖書館學硏究會, 1968

千惠鳳, 『韓國典籍印刷史』, 汎友社, 1990

紀念論叢刊行委 編, 『韓國書誌學硏究』, 古山千惠鳳教授停年紀念選集刊
     行委員會, 1991

中山久四郎, 『世界印刷史(朝鮮印刷史)』 제2권, 1930

청주고인쇄박물관 편, 『조선초기 금속활자 특별전』, 도서출판 직지, 2003.

3) 논 문

고미경, 「임란전 갑인자개주설에 대한 일고」, 『문헌정보학논문집』창간호,
     한성대학교, 1985

김기태, 「고려금속활자 발달의 배경 고찰-특히 직지심경의 존속경위를 중
     심으로」, 『도서관』33-5, 1978

金錫淳, 「韓國의 古活字 小考」, 『圖協月報』6, 1962

金錫淳, 「韓國古活字와 그 印本」, 『建大新聞』183호, 1964.9.18.

김소미, 「교서관에 관한 고찰-교서관 인서체자와 필서체자를 중심으로」,
     『도서관학회지』3, 동덕여대, 1986

金然昌, 「<東國厚生錄>의 鑄字製造法」, 『考古美學』4-7, 1963

김완근, 「朝鮮鑄字考」, 『東亞日報』1931.10.24.~同年 11.6.

김완근, 「韓國鑄字考」, 『出版文化』1-6, 1965

金元龍, 「癸未字補遺」, 『書誌』1-1, 1960

金元龍, 「李氏朝鮮鑄字印刷小史-鑄字所를 中心으로-」, 『鄕土 서울』3,
     1958

김윤식, 「세종조의 도서편찬 및 간행에 관한 연구」, 성균관대학교 박사
     논문, 1992

김윤식, 「조선 세종조의 서적문화에 대한 고찰」, 『동대논총』17, 동덕여대,
     1987

大塚鐙, 「계미활자에 대하여」, 『朝鮮學報』21·22합병호 / 25호, 1961 / 1962

籐田亮策, 「鑄字雜記」, 『書物同好會會報』11·12, 1941

牧野弘一, 「新井白石수사본 <십일가주손자>계미활자문제에 대하여」, 『史學雜誌』55-9, 1945

文一平, 「簡文과 金屬活字」, 『湖岩全集』 제2권, 1946

文·平, 「銅活字 만든 動機와 朝鮮文明의 長短」, 『湖岩全集』 제2권, 1946

文一平, 「朝鮮活字와 東方文化의 動力」, 『湖岩全集』 제2권, 1946

房兆楹, 「鑄字瑣談」, 『書誌』1-2, 1960

白 麟, 「李朝時代의 鑄字印刷」, 『韓國圖書館史研究』, 1969

심우준, 「일본 국립국회도서관 소장 찬도호주주례판본고-특히 계미자의 종합적 고찰을 중심으로」, 『인문학연구』4, 중앙대, 1977

안춘근, 「직지심경의 활자자료」, 『고서연구』8, 1991

尹炳泰, 「高麗金屬活字本과 그起源」, 『도협월보』14-8, 1973

尹炳泰, 「高麗活字印出-佛書三種-」, 『佛敎思想』2, 1973

尹炳泰, 「고려시대의 활자인쇄문화」, 『복현문화』13, 경북대, 1979

尹炳泰, 「조선시대 활자 사용고」, 『규장각』2, 1978

尹炳泰, 「한국의 활자인쇄」, 『문화재』53, 1976

尹炳泰, 「한국활자인쇄연표」, 『월간문화재』50, 1976

李相佰, 「甲寅活字의 原本」, 『圖書』4, 1961

李相佰, 「朝鮮銅活의 貢獻-옛 자랑 새 解釋-」, 『東亞日報』, 1936.1.8.

李元植, 「韓國活字版의 演變」, 『國立政治大學學報』9, 1964

李仁榮, 「계미자에 대하여」, 『學叢』2, 경성대, 1943

李仁榮, 「선초의 활자판에 대하여」, 『學叢』1, 1943

李弘植, 「<十一家註孫子>와 癸未活字問題-新井白石寫本을 中心으로-」, 『韓國古文化論考』, 1954.10.

이희재, 「동서양 초기활자 인쇄방법에 관한 비교연구」, 『국회도서관보』22-4, 1985

이희재, 「조선조 활자주조 및 문헌간행의 종합적 평가」, 『도서관학』9, 1982

林泰輔, 「조선의 활판술」, 『史學雜誌』17-3, 1906

임태삼, 「한국 고활자본의 형태서지적 면에서 본 사례본의 비교연구;계
　　미자에서 개주갑인자까지」, 『논문집』13-1, 경성대, 1992

全相運, 「금속활자 인쇄술 발명에 대한 이견」, 『科學史研究』61, 1962

정형우, 「조선초기의 서적수집 및 그 관리」, 『인문과학』39, 연세대, 1978

조병순, 「癸未字本 組版術의 殘影과 印出能力」, 『서지학보』창간호, 1990

조병순, 「癸未字 字數와 小字 起源에 대한 考察」, 『서지학보』11, 1993

조병순, 「高麗書籍院 活字에 대한 研究-所謂 癸未小字 組版術을 中
　　心으로」, 『서지학보』18, 1996

조형진, 「용재총화 주자소 기사의 실험적 해석」, 『서지학연구』5·6, 1990

조형진, 「金屬活字印刷의 組版技術」, 『서지학보』13, 1994

조형진, 「한국 초기금속활자의 鑄造 組版 印出기술에 대한 실험적 연구」,
　　중앙대학교 박사논문, 1995

조형진, 「韓中兩國 活字印刷의 技術的 過程」, 『서지학연구』17, 1999

淺見倫太郎, 「고려시대의 활판사적」, 『朝鮮』4-11

千惠鳳, 「癸未字와 그 刊本-國寶指定 및 新發見刊本을 포함한 綜合的
　　考察-」, 『서지학』6, 1974

千惠鳳, 「金屬活字의 叡智」, 『世代』11-9, 1973

千惠鳳, 「계미자본십칠사찬고금통요」, 『규장각』9, 1985

千惠鳳, 「고려 금속활자 인쇄와 직지심체요절」, 『충복문예』101, 1986

千惠鳳, 「고려금속활자인쇄와 직지심체요절」, 『청주흥덕사지학술회의보고
　　서』, 1986

千惠鳳, 「고려주자인쇄술의 연구」, 『논문집』22, 성균관대, 1976

千惠鳳, 「고려주자판 남명천화상증도가의 중조본에 대하여」, 『도서관학』
　　15, 1988

千惠鳳, 「불조직지심체요절해제」, 서울, 문화공보부 문화재관리국,1988

千惠鳳, 「세계 초유의 창안인 고려주자 인쇄」, 『규장각』8, 1984

千惠鳳, 「이천과세종조의 주자인쇄」, 『동방학지』46·47·48, 연세대 국
　　학연구원, 1985

千惠鳳, 「한중 양국의 활자 인쇄와 그 교류」, 『민족문화논총』4, 영남대, 1983

千惠鳳, 「흥덕사 주자인시의 직지심체요절」, 『문화재』19, 1986

한동명, 「校書館考」, 경희대학교 석사논문, 1979

한동명, 「韓國中世紀印刷文化의 制度史的 研究－11－15世紀 校書館制
度를 中心으로」, 경희대학교 박사논문, 1986

咸元泰, 「高麗鑄字와 印刷文化」, 『漢陽』2－2, 1963

홍강표, 「조선조 활자본의 사적 고찰」, 『도서관연구』4, 서울시 도서관연
구회, 1987

丸龜金作, 「조선의 활자주조소에 대하여」, 『朝鮮學報』4, 1953

• 저자 •

유대군 　•약 력•
劉大軍 　중국 북경대학교 문학석사
　　　　동국대학교 대학원 문학박사
　　　　1992-현재 북경대학교 도서관 부연구관

•주요논저•

「中国古代图书发行体系」
「中国近代图书发行体系的剧变」
「선초 주자소설립 과정과 그 활동」(鲜初铸字所设立的过程及其活动)

『中国编辑出版史』(合著)
『中国藏书楼』(分卷主编)
『北京大学图书馆藏古籍善本书目』(副主编)
『北京大学图书馆藏古代朝鲜文献解题』(合著)

외 다수

조선초기
주자소 연구

• 초판 인쇄　2008년 3월 3일
• 초판 발행　2008년 3월 3일

• 지 은 이　유대군
• 펴 낸 이　채종준
• 펴 낸 곳　한국학술정보㈜
　　　　　　경기도 파주시 교하읍 문발리 513-5
　　　　　　파주출판문화정보산업단지
　　　　　　전화　031) 908-3181(대표) · 팩스　031) 908-3189
　　　　　　홈페이지　http://www.kstudy.com
　　　　　　e-mail(출판사업부)　publish@kstudy.com
• 등　　록　제일산-115호(2000. 6. 19)
• 가　　격　23,000원

ISBN　　978-89-534-8161-9 93710(Paper Book)
　　　　　978-89-534-8162-6 98710(e-Book)